Christian Strenge

Zahlungssysteme im Internet

I0014050

Christian Strenge

Zahlungssysteme im Internet

diplom.de

Bibliografische Information der Deutschen Nationalbibliothek:

Bibliografische Information der Deutschen Nationalbibliothek: Die Deutsche
Bibliothek verzeichnet diese Publikation in der Deutschen Nationalbibliografie;
detaillierte bibliografische Daten sind im Internet über http://dnb.d-nb.de/ abrufbar.

Copyright © 1997 Diplomica Verlag GmbH
Druck und Bindung: Books on Demand GmbH, Norderstedt Germany
ISBN: 978-3-8386-4017-4

http://www.diplom.de/e-book/219652/zahlungssysteme-im-internet

Christian Strenge

Zahlungssysteme im Internet

Diplomarbeit
an der Universität des Saarlandes
Lehrstuhl für Prof. Dr. Günter Schmidt
6 Monate Bearbeitungsdauer
Januar 1997 Abgabe

Diplom.de

Diplomica GmbH
Hermannstal 119 k
22119 Hamburg

Fon: 040 / 655 99 20
Fax: 040 / 655 99 222

agentur@diplom.de
www.diplom.de

ID 4017
Strenge, Christian: Zahlungssysteme im Internet
Hamburg: Diplomica GmbH, 2001
Zugl.: Saarbrücken, Universität, Diplomarbeit, 1997

Diplomica GmbH
http://www.diplom.de, Hamburg 2001
Printed in Germany

Inhaltsverzeichnis

6. Die Systeme

8. Aktuelle Entwicklungen, Aussichten

Abbildungs- und Tabellenverzeichnis

Abbildungen

Tabellen

1. Vorwort

Diese Diplomarbeit soll einen Überblick über die neusten Entwicklungen im Bereich Zahlungssysteme im *Internet* geben. (Begriffe, die kursiv und fett geschrieben sind, werden im zweiten Kapitel, Grundlagen, ab Seite 5 erklärt. Eine eventuell Quellenangabe wird als Kürzel in eckigen Klammern angegeben, sie wird in Kapitel neun ausführlich erklärt.)

Das ganze *World Wide Web* und alle Anwendungen, die darin involviert sind, ist einem sehr kurzen Lebenszyklus unterworfen. Es ist daher unumgänglich, daß diese Arbeit, die die Implementierungsebene der einzelnen Anbieter untersucht, nur eine Momentaufnahme eines sich ständig ändernden Marktes ist.

Spricht man deutsche Unternehmen der zu untersuchenden Branchen auf das Thema Internet an, so ist die Mehrheit sehr skeptisch und erwägt vielleicht erst einmal eine rein informative *Homepage*. Da das Sicherheitsbewußtsein in Deutschland sehr ausgeprägt ist, laufen Projekte, die ein Risiko bedeuten könnten, nur sehr zögerlich an. (Es sei auf die ständig verschobenen Starttermine von Consors, Direktanlagebank, ... usw. verwiesen.)

Mr. Marcus J. Ranum, Chief Scientist der V-One Corporation, einem amerikanischen Unternehmen, das sich auf eine bestimmte Verschlüsselungstechnik spezialisiert hat, bemerkte in einem Aufsatz über „Electronic Commerce and Security", daß die Unternehmen der ersten Stunde, die sich getraut haben, Waren über das Internet anzubieten, dafür unkodierte Kreditkarteninformationen entgegenzunehmen und als Bezahlung zu akzeptieren, heute über einen wertvollen Vorsprung an Erfahrung verfügen.

Die Risikobereitschaft amerikanischer Unternehmen läßt zahlreiche Systeme und Unternehmen entstehen, von denen wahrscheinlich nur wenige in der Lage sind, sich durchzusetzen und zu überleben. Vergleiche zu dem Konkurrenzkampf auf dem

---

Web-Browser Markt [PC1], auf dem zur Zeit aus einer Vielzahl von Anbietern nur Netscape und Microsoft als Überlebende hervorzugehen scheinen, sind hier nahezu unausweichlich, weil die Probleme der Web-Browser die gleichen sind, wie die der Zahlungssysteme im Internet: die Akzeptanz der Nutzer und die Marktmacht der Softwarehersteller. Die Nutzer entscheiden sich für das Produkt, das preiswert ist und allgemein akzeptiert wird (bei Internetkunstwährungen ist z.B. die Zahl der Akzeptanzstellen ausschlaggebend, bei einem Web-Browser ist es das Internet-seitenangebot, das mit diesem Browser gut dargestellt werden kann).

Diese Diplomarbeit befaßt sich mit Zahlungssystemen im Internet. Als Internet-Zahlungssysteme sollen hier alle geldwerten Übertragungen angesehen werden, die direkt oder indirekt (z.B. über eine Bank) von einer Person (natürlich oder juristisch) auf eine andere übergehen und über das Internet veranlaßt wurden.
Diese Übertragungen sind immateriell, wie wir es beispielsweise von der üblichen Banküberweisung kennen. (So dient z.B. nur noch ein Überweisungsformular der überweisenden Bank als Sicherheit!)

Die Möglichkeiten, die letztendlich zu einem Übergang von gesetzlichen Zahlungsmitteln führen können, sind vielfältig. Sie reichen von einer modifizierten Banküberweisung bis zum Schaffen einer „Kunstwährung".
Der Grund für derartige Bemühungen ist in der Unsicherheit des Internet zu sehen, die man mit **T-online** nicht gewohnt war. Finanztransaktionen im Rechnerverbund der Banken und Sparkassen oder über die Datennetze von T-online hätten theoretisch zwar manipuliert werden können, aber hierzu bedarf es entweder eines betrügerischen Angestellten oder krimineller Energie in Verbindung mit einem großen Zufall (Abhören der Telefonverbindung zum T-online-Rechner am Telefon-Verteilerkasten des Opfers genau zu dem Zeitpunkt, an dem das Opfer T-online benutzt und Unterbrechung der Leitung, bevor die abgesandte Überweisung den T-online-Rechner erreicht!)

„Das Internet besteht aus Glas. ...Jeder kann mühelos mitbekommen, was Sie sagen oder tun" erklärt Tom Steding, Geschäftsführer der Pretty Good Privacy Inc., USA, dem Hersteller des weitverbreiteten Verschlüsselungsprogramms PGP [IA1]. Das heißt im Prinzip hat jeder die Möglichkeit, sich unerkannt Zugang zu verschaffen, die Datenübertragungen anderer abzuhören und sensible Daten (z.B. Keditkartennummer usw.) für sich nutzbar zu machen. In geschlossenen Netzen, wie T-online oder *AOL* sind z.B Banküberweisungen (nach persönlichem Gespräch auf der CeBit-Home mit Herrn Dünnwald, SIZ-Referent (Sparkassen- Informatikzentrum)) seit Jahren auch unkodiert nur mit *PIN* und *TAN* sicher! Wie die Sicherheit im Internet denoch gewährleistet werden soll, wird sich im Verlauf dieser Arbeit zeigen.

Im zweiten Kapitel werden einige grundlegende Begriffe dahingehend erörtert, wie sie dem Verständnis dieser Arbeit dienlich sind. Gerade zum Thema Internet gibt es eine Vielzahl von Definitionen, daher kann nur eine stark sachbezogene Erklärung gegeben werden.

Einen Überblick über die Chancen, die ein Engagement in Internetzahlungssysteme mit sich bringt, gibt Kapitel drei. Zukünftige Nutzer sollen das Geschäft mit dem Internet lukrativ machen.

Kommt es zum Handel im Internet, so wird auch der Mißbrauch wahrscheinlich. Schon heute verunsichern Meldungen über *Hacker* oder *Viren* die Anwender und zukünftige Nutzer. Kapitel vier befaßt sich daher mit der Rechtslage.

Um den Mißbrauch und damit größeren finanziellen Schaden zu vermeiden, gibt es diverse Sicherungsmaßnahmen, die in Kapitel fünf abgehandelt werden sollen. Die Methoden, die angewandt werden, reichen bis zu einer extra *CPU*, die an den Computer angebaut werden muß. Kapitel sechs ist der Hauptteil dieser Arbeit. Hier werden die einzelnen Systeme vorgestellt, die schon im Internet angewendet werden bzw. bald die Marktreife erlangen werden.

Die Systeme, die die Unternehmen ihren Kunden anbieten, werden auf ihre Vor- und Nachteile untersucht, wie z.B. Haftung und Sicherheit. Systeme, die jetzt erst als Entwurf bestehen oder die ersten Tests absolvieren, finden selektiv im achten Kapitel Erwähnung.

Nachdem in den Kapiteln über Sicherheit und die einzelnen Zahlungssysteme schon die Gefahren angeschnitten wurden, befaßt sich Kapitel sieben tiefgründiger mit den möglichen negativen Auswirkungen für Kunden und Unternehmen.

In Kapitel acht wird ein Fazit gezogen, über die Anwendbarkeit dieser neuen Zahlungssysteme. Die individuelle Einschätzung der Sicherheitsrisiken, Haftungsversprechen und Kundenfreundlichkeit werden die Entscheidung für das eine oder andere System determinieren. Allianzen und aktuelle Entwicklungen auf dem Soft- und Hardwaremarkt führen zu immer besseren Sicherheitssystemen, die scheinbar vielversprechendsten finden hier ebenfalls Erwähnung.

Die Aktualität der Arbeit erfordert es, daß der Quellenanhang, in Ermangelung vertiefender Literatur, aus einer Sammlung von Internet-Seiten und Verweisen auf Zeitungsartikel und Computerzeitschriften besteht, da hier als erstes von „technischen" Neuerungen berichtet wird.

2. Grundlagen

Hier folgen nun in alphabetischer Reihenfolge die Erklärungen häufig verwendeter Begriffe, die für das Verständnis der Untersuchungen der Zahlungssysteme unerläßlich sind. Die hier erklärten Begriffe sind kursiv und fett geschrieben und dadurch sofort als näher erklärter Begriff erkennbar.

AOL

AOL ist ein geschlossenes proprietäres Datennetz der AOL/Bertelsmann Online GmbH & Co. KG. AOL ist ein Joint Venture zwischen der America Online Inc., USA und der Bertelsmann AG, Gütersloh. Jeder Nutzer ist bekannt, da eine Anmeldung erforderlich ist. Ein *Gateway* zu World Wide Web ist vorhanden, so daß den Mitgliedern von AOL der Zugang zu beiden Diensten offen steht.

Applikation

„(a) Software, die einen bestimmten Zweck erfüllt, wie z.B. eine *E-Mail*-Applikation. (b) Eine nützliche Funktion, wie z.B. das Versenden von Dateien im Internet." [EK5]

CPU

Die CPU (Central Processing Unit) ist praktisch das Gehirn eines Computers. Der Arbeitsprozessor und die Geschwindigkeit der CPU geben z.B. an, wie schnell der Rechner maximal arbeiten kann.

E-Mail

(Abkürzung für electronic mail)
Elektronische Übermittlung von Texten und Dateien von Computer zu Computer über das Telefonnetz und spezielle Datenleitungen.

Die Kommunikation zwischen Absender- und Zielrechner muß nicht auf einer direkten Ebene liegen, denn die E-Mail-Anwendung ist kein „Punkt zu Punkt"-Dienst. Die E-Mail bezeichnet man als „store and forward"-Dienst, „(etwa: speichern und zur richtigen Zeit weiterbefördern)". Sogenannte „application gateways" ermöglichen den Austausch von elektronischer Post mit anderen Netzen. Die E-Mail wird solange weitergeleitet bis sie ihren Adressaten erreicht. Damit elektronische Nachrichten von allen weltweiten Netzen - seien es PC's, Macs, UNIX-Maschinen oder einfache Terminals - verarbeitet werden können, müssen E-Mails immer aus reinem ASCII-Text bestehen, d.h. die Nachricht wird so umformatiert, daß beide Netze sich verständigen können. Zur weiteren Information benötigt der Gateway eine Adresse, an die er die E-Mail ausliefern kann, z.B. *benutzer*@delphi.com [EK2].

Gateway

„Ein Computersystem, das die Übertragung von Daten zwischen normalerweise inkompatiblen *Applikationen* oder Netzwerken ermöglicht. Die Daten werden vom Gatewayrechner vor dem Versand so umformatiert, daß sie vom empfangenden Netzwerk (oder einer Applikation) weiterverarbeitet werden können."

Mit Hilfe eines Gateways wird die Kommunikation zwischen zwei unterschiedlichen Softwareapplikationen möglich gemacht, „wie z. B. zwischen zwei E-Mail-programmen, die jeweils ihr eigenes Dateiformat verwenden," oder zwei verschiedene Netzwerktypen miteinander verbunden werden [EK3].

Hacker

Bezeichnung einer Person, die unerlaubt über Datennetze wie das Internet in Computersysteme eindringt. Dort können Daten entwendet, verändert oder gelöscht werden.

Homepage

Eine Homepage ist eine Begrüßungsseite einer Person, eines Unternehmens oder einer Organisation, die sich im *WWW* darstellt oder etwas anbieten will. Sie ist eine Internetseite mit Dateien (z.b. Bilder oder Texte), die im World Wide Web angeboten wird und für alle Internetanwender zugänglich ist.

Eine Methode der Informationspräsentation ist HTML (Hypertext Markup Language). HTML ist eine notwendige Programmiersprache, um ein Dokument auf dem WWW sichtlich zu machen [EK6].

Host

Ein Host ist ein „Computer, der den Teilnehmern an einem Netz zentrale Verarbeitungsleistungen zur Verfügung stellt und in dem größere Verwaltungs-, sowie Steuerungsaufgaben für die Teilnehmerstationen durchgeführt werden." [LD1]

Internet:

Die Ursprünge des Internets gehen ins Jahr 1969 zurück. Das US-Verteidigungsministerium beschäftigte ein strategisches Problem, wie könnte man es ermöglichen ein Netzwerk mit verschiedenen Funk- und Satellitennetzen zu verbinden, so daß die einzelnen Teilen unabhängig voneinander operieren können? So entstand das experimentelle Netzwerk - ARPANET (Advanced Research Projects Agency NET). Die Kommunikation im ARPANET-Modell fand immer zwischen einem Ausgangspunkt und einem Zielpunkt statt, d.h. im Netz besaß jede Stelle für sich die gleichen Befugnisse und Möglichkeiten, so daß jeder Teil des Netzwerks jederzeit ausfallen konnte. Es hätten also schon alle Leitstellen vernichtet werden müssen, um dieses dezentrale Netz zu zerstören. In den 70er Jahren kamen andere Länder ins Netz, daher der Namenswechsel von ARPANET zu INTERNET.

Das Internet ist im Prinzip nichts anderes als eine Vereinbarung von Netzbetreibern, die untereinander mit Gateways verbunden sind und sich auf bestimmte Standards der Datenübertragungen geeinigt haben (das TCP/IP = Transmission Control Protocol / Internet Protocol). Verschiedene Netzdienste wurden im Laufe der Zeit entwickelt, wie z.B. FTP oder E-Mail. Der bekannteste Dienst heißt World Wide Web [EK4] [DC1].

Onlinebanking

Onlinebanking soll als Oberbegriff von Homebanking und Internetbanking dienen. Homebanking werden Bankgeschäfte über T-online oder AOL genannt, während Internetbanking die Finanztransaktionen über das Internet meint.

PIN

Die PIN ist eine persönliche Identifikationsnummer, diese wird z.B. benötigt, um mit der Euroscheckkarte vom Bankautomaten Geld vom eigenen Konto abzuheben.

Smartcard

Die Smartcard ist eine Plastikkarte mit Computerchip, die Ähnlichkeit mit einer Telefonkarte hat. Smartcards kommen immer mehr zum Einsatz, so haben die Smartcards die Krankenscheine verdrängt. 1997 soll die Eurocheque zur „paycard", zur elektronischen Geldbörse, werden, auf der Eurochequekarte befindet sich dann ein Chip für die Zahlungsfunktion.

TAN

Steht für Transaktionsnummer. Das ist eine Zahlenkombination, mit der ein **Onlinebanking**-Kunde seine Aufträge (z.B. Überweisung, Einrichtung eines Dauerauftrags, Wertpapierauftrag...) an die Bank absichert. Damit der Auftrag ausgeführt werden kann, ist die Eingabe einer gültigen PIN und TAN notwendig. Jede TAN ist nur einmal gültig, deshalb bekommt der Kunde von seiner Bank auch meist ca. 50 Nummern auf einmal zugesandt. Die jeweilige TAN ist nach einmaliger Benutzung gesperrt.

T-online

T-online ist das geschlossene, proprietäre Datennetz der Deutschen Telekom AG, Bonn (früher BTX oder Datex-J). Jeder Nutzer ist bekannt, da eine Anmeldung erforderlich ist. Ein Gateway zu World Wide Web ist vorhanden, so daß den Mitgliedern von T-online der Zugang zu beiden Diensten offen steht.

Virus

Ein Programm, das sich in einem Computer selbst repliziert und sich in einem anderen Programm oder einer Datei versteckt. Was das einzelne Virus macht, kommt auf seinen Autor an. Generell werden Viren automatisch ausgeführt, wenn bestimmte Anwendungen durchgeführt werden. Manchmal richten sie katastrophale Schäden an, wie das Zerstören der Inhalte von Disketten oder Festplatten. Andererseits verursachen sie harmlose Nachrichten oder Anzeigen auf dem Bildschirm.

Ein Rechner wird normalerweise über eine Diskette oder per Modem infiziert. Für jeden Virus gibt es (nach einer gewissen Zeit) ein Gegenprogramm, das eingesetzt werden kann, sobald fest steht, wie der bestimmte Virus funktioniert.

Web-Browser

(to browse: stöbern, sich umsehen)

Der Web-Browser (auch Web-Client) ist ein Programm, das in der Lage ist, World Wide Web-Dokumente zu lesen, die als HTML-Dateien im World Wide Web vorliegen, und somit ihre Benutzung zu ermöglichen.

Man hat die Auswahl zwischen dem zeilenorientierten Browser (Telnet) und dem grafikfähigen Browser (Netscape und Mosaic) für ein beliebiges Windows-System [EK6].

World Wide Web (WWW)

Das World Wide Web ist eine grafische Benutzeroberfläche des Internet, die dessen Öffnung für breite Bevölkerungsschichten erst ermöglichte - wegen der einfachen Handhabung. Das Web - wie das World Wide Web umgangssprachlich genannt wird - basiert auf HTML-Dateien. Ein *Web-Browser* hilft die Web-Dokumente zu lesen. Deren Hypertexte werden häufig durch Links (gleich: direkte Verbindungen) verbunden. So kann anhand der Links die gewünschte Information gefunden werden, egal in welchem Teil der Welt und auf welchem Rechner sich dieses Dokument befindet.

Eine Internetseite erreicht man über ihre individuelle Adresse [EK6].

WWW

siehe *World Wide Web*

3. Der Markt

In den letzten drei Jahren hat das Internet dramatisch an Bedeutung gewonnen. Die Unternehmen interessieren sich für das Internet, weil die Möglichkeit, 40 Millionen potentielle Kunden mit einem verhältnismäßig geringen Kostenaufwand zu erreichen, verlockend erscheint. Die „Kunden" können sich im *WWW* mit Informationen versorgen, die sie sonst nie oder meistens nur mit unverhältnismäßig hohem Aufwand erlangt hätten. Und je mehr Möglichkeiten für finanzielle Transaktionen oder Einkauf gegeben sind, um so mehr Kunden werden sich dieser Möglichkeiten bedienen.

Der Versandhändler Quelle Schickedanz AG & Co., Fürth, hat schon einige Erfahrung mit der Möglichkeit, per Computer seine Kunden zu erreichen. Vor 17 Jahren begann bei Quelle das Engagement bei T-online. Daraus „sind mittlerweile rund 65 Millionen Mark Umsatz im letzten Geschäftsjahr geworden," erklärt Patrik Palombo, Leiter des Bereichs Neue Medien bei Quelle. Nun denkt man auch in Richtung Internet. [CZ1]

Ob ein Produkt geeignet ist, um über das Internet vertrieben oder beworben zu werden, hängt unter anderem davon ab, wie sehr es auf die Bedürfnisse und die Beschaffenheit der Internetnutzer zugeschnitten ist. Eigenschaften, die ein Produkt z.B. haben sollte, sind zur Zeit: (laut Prof. Paul Alpar in der Computer Zeitung [CZ2])

- „ das Produkt wird von Leuten im Alter von 19 bis 40 Jahren gekauft,
- das Produkt wird von Männer gekauft,
- das Produkt ist preiswert (zum Beispiel ein Buch),
- das Produkt wird von Haushalten mit mittlerem Einkommen gekauft,
- es ist ein Massenprodukt
- das Produkt läßt sich durch Text und Grafiken erklären, ...,
- der Wettbewerb im Produktmarkt ist groß"

Ist ein Produkt für den Handel über das Internet geeignet, ergeben sich daraus Vorteile für den Kunden und das Unternehmen. Das Produkt ist im Internet für den Kunden 24 Stunden lang verfügbar. Sind Variationen der Produktgestalt möglich, so kann der Kunde sie individuell bei der Bestellung erstellen. Will der Kunde nähere Informationen über das Produkt, so kann das WWW-Angebot des Unternehmens jedes langwierige Verkäufergespräch teilweise ersetzen, der Kunde stellt sich seine Informationen nach seinen Wünschen zusammen. Dadurch wird die „Handelsstufe" übergangen. Dies ermöglicht Preisvorteile, die an den Kunden weitergegeben werden können. Zum Vergleich: Beim Verkauf von Produkten durch Fernsehverkaufssendungen (Teleshopping) spart der Produzent 50% der Kosten, die durch den üblichen Verkauf entstehen würden. Axel Glanz, Diebold Deutschland, vermutet, daß die Wertschöpfung bei Produkten, die über das Internet gehandelt werden, noch höher ist [CZ3].

Der Internethandel hat noch weitere Vorteile: So wird z.B. eine weitere Auftragsbearbeitung nicht mehr notwendig, da die Bestellung nur akzeptiert wird, wenn sie einwandfrei ist. Außerdem lassen sich die Daten der Kundenaufträge auswerten und daraus Rückschlüsse auf Kundenverhalten, zukünftige Produktentwicklung und Marketingstrategien ziehen.

Allerdings sind auch die Nachteile zu berücksichtigen. So hat möglicherweise das Zentrallager nicht nur einige wenige Versandaufträge von Großhändlern zu bearbeiten, sondern sieht sich mit einer großen Zahl von Endkundenaufträgen konfrontiert. Weiterhin hat sich das Unternehmen auf veränderte Verfahrensabläufe einzustellen. Axel Glanz nennt einige: „Aus mehrstufigen Verfahren werden interaktive Abläufe, Erhöhung der Bestellfrequenz, Reduzierung der Stückzahlen, geringere Durchlaufzeiten, höhere Automatisierung und höhere Zentralisierung".

Da diese Veränderung der Abläufe sehr abschreckend wirkt, verbreitet sich diese Vertriebsform nur sehr langsam [CZ3].

In späteren Kapiteln wird noch auf weitere Nachteile eingegangen, wie z.b. die Sicherheit beim Datentransfer oder die Betrugsgefahren. Ein weiterer Aspekt des Internethandels ist die Möglichkeit eines erweiterten Produktangebots. Während z.b. die Versandhäuser Neckermann Versand AG, Frankfurt am Main, Quelle oder Otto-Versand GmbH & Co., Hamburg, sich auf eine Auswahl ihrer Katalogangebote beschränken, probiert der Computerhändler Vobis Microcomputer AG, Aachen, die Möglichkeit eines Zusatzgeschäftes aus: Vobis bietet im Internet leicht beschädigte Ware an, diese hätte in den Geschäften wertvolle Stellfläche beansprucht, so belegt sie lediglich ein paar WWW-Seiten.[HB1]

Neben dem Handel über das Internet, können jetzt auch Bankgeschäfte über das Internet getätigt werden. Auch hier gibt es schon die jahrelange Erfahrung mit T-online (besser bekannt als Homebanking). Zur Zeit werden 1,8 Millionen Girokonten über T-online geführt, die Kosteneinsparungen lassen sich genau beziffern, da beispielsweise die Auftragseingabe durch Bankmitarbeiter entfällt. Homebanking ist aber bisher nur auf das Netz von T-online und damit nur auf Deutschland beschränkt (in jüngster Zeit funktionieren gleiche Anwendungen auch über AOL). Konkurrierende Onlinedienste könnten die Menge der potentiellen Homebankingkunden diversifizieren. Deshalb und auch im Zuge zunehmender Globalisierung weicht man auf den gemeinsamen Nenner der Onlinedienste aus: das Internet.
Auch hier sind die Kostenvorteile groß. So kann die Bank durch einen „Onlinekunden" bis zu 100 DM jährlich sparen. Die Gründe sind ähnlich wie die beim Internethandel, so muß z.b. die handgeschriebene Überweisung nicht mehr extra eingegeben werden, sondern der Kunde gibt sie zu Hause an seinem Computer selber ein. Die dadurch gewonnenen Kosteneinsparungen können an den Kunden weitergegeben werden und können dadurch einen Vorsprung im Wettbewerb um den Neukunden bedeuten [http1].

Ein klarer Nachteil des *Onlinebanking* ist die schwindende Anbindung des Kunden an seine Bank. Es ist für den Kunden nicht relevant, auf welche Internetseite er seine Bankgeschäfte regelt. Im Internet ist jedes Kreditinstitut die Bank von nebenan [http1].

Die Eröffnung einer neuen Bankfiliale ist mit einem großen Kostenrisiko verbunden, neben dem Anfangskapital, lassen sich auch die Folgekosten bei einem Mißerfolg nur mittelfristig abbauen. Die Eröffnung einer Internetfiliale ist dagegen wesentlich billiger und nicht nur Standort bezogen [HB2]. Allerdings muß sich dann auch das Erscheinungsbild der Bank an das Internet anpassen, so muß z.b. der Service der Internetbank wesentlich „verkauforientierter, kommunikativer und technologie-freundlicher sein" [HB3]. Wenn eine Bank auf ihrer Homepage eine *E-Mail*-Funktion unter „Mitteilungen an die Bank" anbietet und dann Wochenlang nicht antwortet, hat man sich hier noch nicht mit obengenannten Attributen befaßt. Dies ist z.B. bei der Deutschen Bank beobachtet worden.
Wenn eine Bank wagt das Risiko einer technischen Neuerung einzugehen, kann das Internet den Bekanntheitsgrad dieses Instituts enorm fördern. Die Mark Twain Bank hat sich entschieden die Kunstwährung E-Cash zu akzeptieren und ist dadurch bekannt geworden [BM1].

Das zukünftige Kundenpotential wird unterschiedlich hoch eingeschätzt, aber alle Umfragen weisen auf einen rentablen Markt hin, hier einige Beispiele:
Der Bundesverband deutscher Banken schätzt „das Potential für Direktbanking auf 10 bis 15%" der zur Zeit 65 Millionen Girokonten. Wobei Direktbanking gleichbedeutend ist mit Online- und Telefonbanking. Von den 65 Millionen Girokonten werden heute bereits 1,8 Millionen über T-online geführt [HB4].
Der Aktienhandel über das Internet wird in dieser Arbeit nicht untersucht, da er laut der Eingrenzung im Vorwort nicht als Zahlungssystem anzusehen ist. Da das

sogenannte Onlinebrockerage allerdings die gleiche Internetnutzergruppe, bei ähnlichen Risiko, anspricht, sind die Schätzungen der nachfolgenden Studie auch auf Internetbanking-Kunden anwendbar:

Forrester Research, Cambridge geht von derzeit weltweit „800.000 Wertpapierdepots via Onlinebrockerage" aus, was 1% aller Depots entsprechen soll, bis zum Jahr 2000 soll sich die Zahl verdoppeln. In Deutschland sind es 500.000 Anleger, die zum Onlinebrockerage qualifiziert sind [HB5].

Nach einer Studie von Diebold und Bertelsmann Telemedia wird es in Deutschland bis zum Jahr 2000 10 Millionen Onlinenutzer geben - das wäre das maximale Kundenpotential an Internetkunden [CZ4].

Der Internethandel soll im Jahr 2000, so die Münchner Mediagruppe weltweit 9 Milliarden Dollar betragen, davon entfallen auf Deutschland 800 Millionen Dollar [HB6].

4. Die Rechtslage

Wie schon im Vorwort erwähnt wurde, ist es kein Problem, im Internet unkodierte Daten „abzuhören". Diese oder auch andere Angriffe durch Hacker sind bedeutende Eingriffe in die Privatsphäre, die bis zur Spionage gehen. So mußte der Cluburlaubsanbieter Robinson Club feststellen, daß eine seiner Kundendateien bei einem Mitbewerber dafür eingesetzt wurde, um die Robinsonkunden gezielt mit Reiseangeboten des Konkurrenten zu umwerben. Der Schaden betrug ca. 2 Millionen Mark [CA1]. Derartige Verbrechen werden wohl, sollte man den Täter ermitteln können, allerorts bestraft. Problematischer ist es, wenn mit Inhalten auf Internetseiten gegen das Recht eines Landes verstoßen wird, nicht aber gegen das Recht des Landes, in dem der Rechner steht, auf dem die jeweiligen Daten gespeichert sind. Als Beispiel sollen hier die rechtsradikalen Inhalte des Neonnazis Ernst Zündel dienen. Der Rechner, auf dem diese Daten gespeichert sind, befindet sich in Kanada, wo es kein Verbrechen ist, diese Art von Meinung zu äußern. In Deutschland hingegen, von wo aus problemlos auf dessen Internetseiten zugegriffen werden kann, ist die Verbreitung rechtsradikaler Schriften nicht zulässig. Doch es besteht weder eine wirksame Möglichkeit, diese Internetseiten zu zensieren, noch Ernst Zündel strafrechtlich zu verfolgen [CZ5].

Für den Internethandel ist die Rechtssicherheit von wesentlicher Bedeutung. Sind Willenserklärungen, die im Internet als E-Mail abgegeben werden, rechtswirksam? Welche Bedeutung haben die allgemeinen Geschäftsbedingungen im Internet? Welche Beweislast hat eine E-Mail vor Gericht? Das sind Fragen, mit denen sich Tobias H. Strömer, Rechtsanwalt und Spezialist für Online- und Computerrecht, Krefeld, zur Zeit beschäftigt [CZ6].

Nach Jürgen Rüttgers, Bundesforschungsminister ist „(das) Internet ... kein rechtsfreier Raum" [CZ5]. Das neue Signaturgesetz, dessen Entwurf Jürgen Rüdgers im November vorgestellt hat, schlägt eine neutrale Überwachungsinstanz, namentlich

Zertifizierungsstelle, vor, die den elektronischen Handel (Internethandel) überwachen soll. Die Zertifizierungsstelle soll wiederum vom Staat kontolliert werden [CZ6].

Die Probleme, die Rechtsanwalt Störmer andeutete, sind aber noch nicht geklärt.

5. Die Sicherheit

Seit der Computer den Menschen die Arbeit erleichtert, existiert die Gefahr, daß er dazu benutzt wird, gesetzwidrige Handlungen vorzunehmen. Der Computer führt die Aufträge aus, die man ihm erteilt, er ist nicht in der Lage zwischen Recht und Unrecht zu unterscheiden. So wird es wohl immer wieder vorkommen, daß Meldungen von Hackern, die in Computer einbrechen, das Vertrauen in die Computersysteme untergraben, wie der Fall eines Russen, der der amerikanischen Citibank über das Internet drei Millionen Dollar entwendete [CA1]. Für viele Hacker ist das Durchbrechen der Sicherungssperren der Computer der eigentliche Anreiz. Der Schaden, der dabei und durch die späteren „Reparaturarbeiten", wie dem Aufspüren aller beschädigten Dateien, entsteht, ist den Hackern wahrscheinlich gar nicht bewußt. Je sensibler die Computerdaten sind, die der Rechner verbirgt, um so besser ist meistens seine Absicherung und damit auch der Anreiz eben diese zu überwinden. Militärrechner üben daher einen besonderen Reiz aus. Wie die US-Luftwaffe bestätigt, ist es vor kurzem wieder „mindestens einem Hacker gelungen, in den Internet-Computer der Luftwaffe einzudringen" [HB7]. Sichert ein Unternehmen seine Daten gar nicht ab, führt das zu einem Imageverlust. Die auf Internetpräsentationen und -anwendungen spezialisierte Pulsar GmbH, München, hatte, so berichtete der Sprecher des Chaos Computer Clubs, Kundendaten für jedermann abrufbar auf einem Internetrechner abgespeichert. Es konnten ohne Paßwortabfrage sämtliche Kundendaten, darunter auch die Kreditkartenabrechnungen der letzten zwölf Monate, eingesehen werden. Hacker teilten dies dem Club anonym mit [HB8].

Um zukünftige Zahlungssysteme im Internet nicht zu gefährden, kommt der Datensicherheit eine entscheidende Bedeutung zu, denn „Bedrohungspotentiale und wirtschaftliche Risiken steigen mit der zunehmenden Computervernetzung", berichtet

der Sicherheitsspezialist im Bundesverband Informations- und Kommunikations-
systeme Lutz Becker [CA1].

Neben den Rechnern sind auch die Datenübertragungen in Gefahr, „abgehört" zu
werden. Die dezentrale Organisation des Internet ermöglicht, daß der sogenannte
Sniffer an jeder beliebigen Position auf dem Datenübertragungsweg zwischen zwei
Rechnern positioniert sein kann. Diese Sniffer sind in Hackerkreisen verbreitete
Programme, die in der Lage sind, den Datenfluß für den Hacker zu kopieren [CA1].
Um die Datentransfers im Internet sicherer zu machen, ist es also notwendig die
Computer abzusichern - was weitestgehend durch die sogenannte Firewall-
Technologie geschieht - und die Datenübertragungen zu verschlüsseln.

5.1. Firewallabsicherung der Unternehmensrechner

Als Firewall (siehe Abbildung 1) bezeichnet man einen Rechner, der die Verbindung
vom internen Netz zum Internet überwacht. Alle Daten (u.a. Befehle, die einen
Computer steuern), die aus dem Internet in das interne Netz gelangen, werden von
der Firewall kontrolliert.

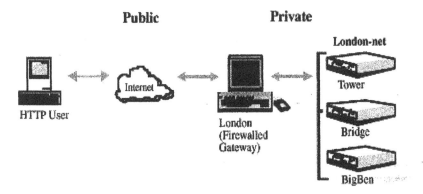

Abbildung 1, Positionierung der Firewall

Wie diese Kontrolle vor sich geht, hängt von dem implementierten *Gateway*-Programm ab. Als Beispiel soll hier das „Filtering Gateway" - oder auch Screening Router genannt - erläutert werden.

Das Filtering Gateway überprüft jedes einzelne Datenpaket, ob es Zugang zum internen Netz erhalten darf oder nicht. Dabei orientiert es sich beispielsweise an den Internetadressen des zu erreichenden Rechners (ob dieser Daten aus dem Internet empfangen darf) und des sendenden Rechners (ob dieser die Befugnis hat, Nachrichten an den Empfängerrechner zu senden). Enthält ein Datenpaket nicht die erforderlichen Voraussetzungen, so wird es nicht durchgelassen und gelangt deshalb auch nicht in das interne Netz. Somit sind auch nichtautorisierte Befehle, die die Informationen des Zielrechners ins Internet übertragen sollen, wirkungslos. Die Kontrolle läßt sich noch erweitern, indem auch noch der Nutzerkreis, der die Nachricht senden darf, überprüft wird [GW1].

5.2. Die Verschlüsselungssysteme

Auf der Seite der Verschlüsselungssysteme gibt es eine große Auswahl an Algorithmen, die für die Verschlüsselung der zu sichernden Daten verwendet werden können. Hier unterscheidet man aber nur zwei Arten von Verschlüsselungs-algorithmen: Symmetrische und Asymmetrische Algorithmen.

Mit Schlüssel ist die Vorgehensweise bei der Verschlüsselung gemeint. Ein sehr einfacher Schlüssel ist beispielsweise Cesar´s Code. Jeder Buchstabe eines Wortes wird durch einen anderen Buchstaben ersetzt. Man bedient sich einfach eines Buchstabens, der drei Stellen nach dem zu kodierenden Buchstaben im Alphabet vorkommt. Also wird aus „Geld" - „Jhog" [http2].

Moderne Verschlüsselungstechniken verwenden ein Codewort um.. die Verschlüsselung sicherer zu machen. Bei Cesar´s Code wäre es eine Zahl und zwar die drei. Verfahren, die zur Zeit bei der Verschlüsselung der Internetzahlungssysteme Anwendung finden, sind DES, IDEA, RC4 und PGP. Das vom Phil Zimmerman entwickelte PGP ist besonders beliebt, weil es kostenlos erhältlich ist, bei einer guten Verschlüsselungsleistung. Es hat sich deshalb auch zu einem Standart bei der Verschlüsselung privater E-Mails entwickelt. Fünf Prozent aller E-Mails werden verschlüsselt und davon sind fast 100 Prozent mit PGP kodiert [HB9].

5.2.1. Symmetrische Algorithmen (DES, IDEA)

Eine Verschlüsselung, bei der derselbe Schlüssel zum Kodieren und zum Dekodieren einer Nachricht verwendet wird, heißt symmetrisch. Das macht die Verwendung des symmetrischen Verfahrens sehr einfach. Es gibt nur zwei große Probleme:

1. Der Schlüssel muß auf der Empfängerseite der Nachricht bekannt sein, d.h. es wird unter Umständen zu Verzögerungen kommen, bis der Empfänger den Schlüssel erhalten hat. Für die Übertragung des Schlüssels muß ein sicheres Medium genutzt werden, eine Übermittlung des Schlüssels über das Internet ist nicht sinnvoll.
2. Sollte der Schlüssel von einer dritten Partei ermittelt werden, kann diese Person alle Nachrichten, die vermeintlich geheim sind, lesen und auch gefälschte Mitteilungen an den ursprünglichen Sender oder Empfänger der Nachricht schicken.

Das amerikanische DES (Digital Encryption Standard) und der schweizerische IDEA (International Data Encryption Algorithm) sind Verfahren, die auf symmetrischen Algorithmen beruhen[http2].
Eine Weiterentwicklung des DES ist das ebenfalls symmetrische Tripel-DES. [Http24].

5.2.2. Asymmetrische Algorithmen (RC4, PGP)

Die asymmetrische Verschlüsselung bedient sich eines zweigeteilten Schlüssels. Der eine Teil wird der Öffentlichkeit preisgegeben und heißt daher „public key". Der zweite Teil des Schlüssels bleibt geheim. Die empfangende Seite erhält keinen Einblick in den „private key". Durch ein komplexes mathematisches Verfahren, das 1974 von Whitfield Diffie und Martin Hellman entwickelt wurde, kann eine Nachricht, die vom Sender mit seinem private key und dem public key des Empfängers verschlüsselt wurde, nur vom Empfänger mit dessen private key entschlüsselt werden. Der komplette Schlüssel muß dem Empfänger also nicht, wie beim symmetrischen Algorithmus, vor der Entschlüsselung aufwendig gesendet werden. Ein weiterer Vorteil eines asymmetrischen Verfahrens ist die Möglichkeit, die Nachricht mit einer digitalen Unterschrift zu versehen, dessen Funktion die selbe ist wie die einer normalen Unterschrift unter einen Brief oder Vertrag. Hierzu wird die schon verschlüsselte Mitteilung mit dem public key des Senders kombiniert.

Als Schwachstelle des asymmetrischen Verfahren wird der Datentransfer des public key gesehen. Dieser setzt z.B. dann ein, wenn sich der Kunde entschließt, ein Produkt zu kaufen und dieses durch Abgabe seiner Kreditkartenummer zu bezahlen. Sobald die entsprechende Mitteilung den Verkäufer informiert hat, schickt dieser dem Kunden seinen public key. Sollte es jemanden gelingen, den public key des Verkäufers, durch seinen eigenen public key zu ersetzten, ist der Mißbrauch möglich. Dazu muß die dritte Person allerdings den weiteren Datenverkehr ständig überwachen und entsprechend verändern, da seine Tätigkeiten sonst enttarnt werden. Durch die Aufwendigkeit dieses Vorgangs ist die Wahrscheinlichkeit dafür sehr gering [http2].

Die Verfahren RC4 und PGP der amerikanischen Unternehmen RSA Inc. (RSA steht für die Entwickler des Verfahrens Rivest, Shamir und Adleman [GW2]) und PGP Inc.

PGP bedeutet Pretty Good Privacy) arbeiten mit der asymmetrischen Verschlüsselung.

5.2.3. Sicherheit der Verfahren

Bei Versuchen, eine mit obengenannten Verfahren kodierte Nachricht ohne Kenntnis des Schlüssels zu dekodieren, ergeben sich zwei Möglichkeiten. Man kann einen Angriff auf den Algorithmus selbst unternehmen. Hierbei haben sich Verfahren wie „RC4 und DES als Sicherheitsstandards bewährt" [http3]. Ein solcher Versuch steht durch seinen großen Aufwand in keinem Verhältnis zum Erfolg [http3]. Ein ähnliches Ergebnis erzielt man auch bei der zweiten Möglichkeit, wenn man versucht alle möglichen Codes eines Schlüsselsverfahrens auszuprobieren. Das RC4 Verfahren benutzt üblicherweise einen 40 Bit Schlüssel. Das bedeutet, daß ein Codewort, das es zu ermitteln gilt, 40 Zeichen lang ist. Der Marktführer im Webbrowsermarkt Netscape Communication Inc., USA hat errechnet, daß es innerhalb von zwei Jahren möglich sein wird, mit einem Aufwand von $10.000 für Computerhardware, einen 40 Bit-Schlüssel zu entschlüsseln. Einem Studenten gelang dies unter Zuhilfenahme einer großen Anzahl von Computern. Der Aufwand steigt mit der Bit-Zahl des Schlüssels exponentiell an. Schon ein 56 Bit-Schlüssel (DES) erfordert finanzielle Ressourcen, wie sie eigentlich nur Regierungen einsetzen können [http4]. Die Anzahl der Bits entscheidet also über den Aufwand, der entsteht, will man alle möglichen Codes ausprobieren. Aus diesem Grund werden die verschiedenen Verfahren, soweit möglich, miteinander kombiniert. Zusätzlich wurde ein sogenanntes Zertifikat entwickelt. Das Zertifikat wird von einer neutralen Instanz vergeben, der beide Seiten - Sender und Empfänger - vertrauen. Es enthält einen Schlüssel und einen eindeutigen Namen. Unter Anwendung dieses Namens, kann der Empfänger in den Datenbanken der neutralen Instanz oder auch

Zertifikatsvergabestelle erfahren, ob der Schlüssel des Zertifikats mit dem Namen übereinstimmt. Genau wie die Mehrfachverschlüsselung oder Kombination bei den Verschlüsselungsverfahren möglich ist, kann auch eine Mehrfachzertifizierung stattfinden, um die Echtheit der Nachricht zu bestätigen. Denkbar sind hier Zertifikate von unterschiedlichen Zertifikatsvergabestellen [http2].

5.2.3.1. Probleme mit der Schlüssellänge

Mit der Länge der Schlüssel nimmt aber auch deren simpler Einsatz und die Übertragungsgeschwindigkeit ab. Ziel der Verschlüsselung muß es also sein, nur das Wesentlich zu kodieren und diese Daten so sicher zu chiffrieren, wie es gerade nötig ist um Hacker abzuwehren [http2].

Ein weiteres Problem hängt nicht mit den Eigenheiten der Computerbranche zusammen. Bestimmte Verschlüsselungsverfahren (u.a. RSA), dürfen nicht aus den USA exportiert werden, sonst verstößt man gegen US-Recht, da sie wie Munition als Kriegswaffen gelten, die nicht exportiert werden dürfen. Das Problem wurde 1996 erstmalig augenscheinlich, als Netscape´s Webbrowser Navigator 3.0 offiziell herausgegeben wurde. Dieser beinhaltete die Möglichkeit, Daten mit einem 128 Bit-Code zu verschlüsseln. Die Folge war, daß Netscape den Originalbrowser nur Amerikanern anbieten konnte, „Ausländer" bekamen eine Version mit 40-Bit-Verschlüsselung, die für den Export zugelassen ist [CZ7].

5.2.3.2. Zukünftige Gefahren

Daß auch die neuen Verschlüsselungverfahren, wie RC5, IDEA und DES überwunden werden können, zeigten unlängst zwei israelische Forscher. Es gelang, den DES-Schlüssel einer *Smartcard*, die zum Kodieren von Banktransaktionen eingesetzt werden kann, in kurzer Zeit zu entdecken. Auf der Smartcard wurde durch Hitze ein künstlicher Fehler der Verschlüsselung erzeugt, woraufhin weniger als 200 mit der Smartcard kodierte Texte benötigt wurden, um den Schlüssel zu ermitteln. Dieses Methode ließe sich auf andere Verfahren anwenden, wird berichtet [CZ8]. Diese Praktik ist zwar noch nicht im Internet anwendbar, kann aber schon einen Hinweis darauf geben, was in Zukunft berücksichtigt werden muß.

5.3. Die Verschlüsselungsstandards SSL und SET

Um in der praktischen Anwendung im Internet Zahlungen tätigen zu können, bedarf es eines sicheren Übertragungsprotokolls, das von möglichst vielen Kunden und Unternehmen akzeptiert und unterstützt wird. Ein solches sicheres Übertragungs-protokoll legt fest, wie die Daten zwischen den beiden Parteien, die das Internetzahlungssystem benutzen wollen, beschaffen sein müssen, damit der Datentransfer mit sensiblem Inhalt nur von den beiden beteiligten Parteien eingesehen werden kann. Unterstützt eine der Parteien das Protokoll nicht, kann der Datentransfer nicht zustande kommen.

Es existieren einige Ansätze zu sicheren Übertragungsprotokollen wie Netscape´s SSL, der Standard vieler Kreditkartenfirmen SET, das schon erwähnte PGP, Secure MIME und Enterprise Integration Technologies Inc.´s SHTTP (Secure). Im folgenden werden SSL und SET erläutert, da beide Systeme sich schon auf dem Softwaremarkt befinden und als sehr vielversprechend angesehen werden [http4] [CZ9].

5.3.1. SSL (Secure Socket Layer)

Bei dem von Netscape entwickelten Verfahren wird zwischen den beiden kommunizierenden Computern eine sichere Verbindung aufgebaut. Die Verbindung zweier Rechner besteht aus mehreren Ebenen. Die „unterste" Ebene ist die Netzwerkebene. Ein Netzwerk ist vereinfacht eine verbundene Gruppe von Rechnern. Der „Socket" einer Rechnerverbindung ist abstrakt, „der Punkt, an dem sich Computer und Netzwerk schneiden. (Es entsteht dadurch ein) Kommunikationskanal, der ...von dem Socket (des einen Rechners) bis zu dem Socket (des anderen Rechners) verschlüsselt ist" [wörtlich übersetzt aus http2].

Dieser sichere Kanal wird erstellt, wenn die beiden Rechner das erste Mal Kontakt miteinander aufnehmen. Dieser Kontaktaufnahme geht voraus, daß man sich auf einem anderen Computer darauf geeinigt hat, den sicheren Kanal zu öffnen. Dies geschieht meist vom Anwender oder Kunden unbewußt, wenn er sich z.B. entschließt seine Kreditkartendaten einzugeben und die entsprechenden Einträge auf der Internetseite bestätigt. Der Rechner des Verkäufers verweist dann automatisch auf den Rechner, der den SSL - Standard unterstützt.

Die Verschlüsselung erfolgt durch eine public key, der zufällig gewählt wird und nur für diese eine Kontaktaufnahme Gültigkeit hat [http2]. Bei dem Rechner der Bank 24 AG, die in Kapitel sechs vorgestellt wird, wird der Schlüssel aus den zufälligen Bewegungen der Computermaus gewonnen. Als Verschlüsselungsverfahren dient SSL ein Verfahren von RSA (z.B. RC4) [http4]. Der Verkäuferrechner sendet dann seinen public key und die Verbindung wird hergestellt.

Auch bei dieser Verbindung können noch zur weiteren Absicherung Zertifikate ausgetauscht werden, dieses ist aber optional [http2].

Die Anwendung des SSL - Verfahrens ist an mehreren Merkmalen zu erkennen. Die Internetadresse des Webbrowsers zeigt „https://..."" anstelle des ungesicherten „http://". Das zusätzliche „s" steht für „secure". Benutzt man einen Netscape-Browser, so wird man meistens darauf aufmerksam gemacht, daß man einen gesicherten Bereich betritt und es ist häufig ein Symbol in Form eines geschlossenen Schlosses, oder, wie es beim Netscape Navigator der Fall ist , eines zusammengesetzen Schlüssels, der normalerweise geteilt ist, zu erkennen. Dieser Schlüssel (▮▬▬◉▮) befindet sich in der linken unteren Ecke der graphischen Oberfläche des Netscape Navigators.

Eine mögliche Internetzahlung mit dem SSL-Protokoll ist in Tabelle 1 zu sehen. Die Version 3.0 von SSL wurde Mitte 1996 von Netscape und Consensus Development vorgestellt. Die Firmen IBM, Nortel, Citibank, SNI, Sun und Novell haben sofort bekanntgegeben, diesen Standard zu unterstützen [GW1].

Phase	Beschreibung
1	Der Kunde stößt im WWW auf Produkte, die er sich kaufen will und wählt sie aus, indem er sie z.B. in einen dafür vorgesehenen elektronischen Einkaufswagen legt.
2	Nachdem alle zu kaufenden Produkte im Einkaufswagen aufgeführt sind und der Kunde auf den Bestellknopf klickt, erstellen - transparent für den Benutzer - der Kundenrechner und der Server des Händlers auf der Socket-Ebene eine sichere Verbindung. Auf einem Bestätigungsformular erscheinen alle gekauften Waren sowie der Gesamtpreis einschl. MwSt., Versand- und anderen Nebenkosten.
3	Der Kunde wählt als Zahlungsweg die Kreditkarten-Transaktion.
4	Der Kunde sendet seine Kreditkartendaten auf der sicheren Leitung an den Händler.
5	Der Händler schickt dem Kunden eine Kaufbestätigung oder liefert die Leistung.

Tabelle 1, Die Phasen des Kreditkartenkaufs mit dem SSL-Protokoll

Die SSL-Verschlüsselung findet diskret im Hintergrund statt.

5.3.2. SET (Secure Electronic Transaktion)

Während bei SSL der Nutzerkreis dieses Übertragungsstandards unbegrenzt ist, ist bei dem von Visa und Mastercard entwickelten SET-Standard eine vorherige Registrierung der Nutzer notwendig. SET benutzt einen private key und einen public key zur Verschlüsselung aller Daten, die übermittelt werden sollen. Der Kunde muß sich erst bei einer Zertifikatsausgabestelle registrieren lassen, bevor er den SET - Standard nutzen kann. Er erhält einen private key und einen public key, die für die Verschlüsselung, wie unter 5.2.2. beschrieben, eingesetzt werden.

Bei SET wird nicht, wie bei SSL ein sicherer Kanal geöffnet, sondern lediglich der Datensatz verschlüsselt, der sensible Daten enthält. Da das Verfahren von Kreditkartenfirmen entwickelt wurde, ist es auch im wesentlichen für die einmalige Versendung der Kreditkarteninformation (Name, Kartennummer, Kartenart, z.B. Visa, Gültigkeitsdatum der Kreditkarte) und der Produktanforderung des Kunden vorgesehen [http2].

Wie auch in folgender Tabelle zu sehen ist, sind mehr Vefahrensschritte für das SET-Verfahren notwendig, als für das SSL-Verfahren. Neben der Grundvoraussetzung der Registrierung, muß der Kunde, nachdem er seine Bestellung abgesendet hat, darauf warten, daß der Anbieter sich die Bestätigung der Registrierung von der Zertifizierungsstelle eingeholt hat (und evtl. kreditwürdig ist). Erst dann teilt der Anbieter dem Kunden mit, daß seine Ware geliefert wird. Dieser Bestätigungsschritt ist beim SSL-Verfahren nur optional.

Eine Zahlungsabwicklung über SET könnte folgendes Aussehen haben:

Phase	Beschreibung
1	Der Kunde stößt im WWW auf Produkte, die er sich kaufen will und wählt sie aus, indem er sie z.b. in einen dafür vorgesehenen elektronischen Einkaufswagen legt.
2	Nachdem alle zu kaufenden Produkte im Einkaufswagen aufgeführt sind und der Kunde auf den Bestellknopf klickt, erscheinen auf einem Bestätigungsformular alle gekauften Waren sowie der Gesamtpreis einschl. MwSt., Versand- und anderen Nebenkosten.
3	Der Kunde wählt als Zahlungsweg die Kreditkarten-Transaktion.
4	Der Kunde schickt das SET-Formular verschlüsselt an den Server des Händlers zurück.
5	Der Händler holt sich die Autorisierung der Transaktion von der Zertifikatsvergabestelle, die auch gleichzeitig das Kreditkarteninstitut sein kann.
6	Der Händler schickt dem Kunden eine Kaufbestätigung.
7	Der Händler erfüllt die beauftragten Leistungen.
8	Der Händler reicht die Abrechnung des Kunden beim entsprechenden Kreditkarteninstitut ein und wird bezahlt.

Tabelle 2: Die Phasen des Kreditkartenkaufs mit dem SET-Standard

Am 30.12.96 startete Carl Christian Aegidius, zuständiger Direktor für das nördliche Europa bei IBM, ein SET-Pilotprojekt mit Mastercard. Beteiligt am Test sind drei Händler und 1000 Käufer in Dänemark [HB10].

6. Die Systeme

Für die Zahlungssysteme im Internet, die hier untersucht werden sollen, gibt es viele mögliche Bezeichnungen in den Medien. Vorsilben wie Virtuell-, Cyber- oder Online- werden mit „altbekannten" Begriffen wie Shopping oder Banking kombiniert. Für die Zahlungen im Internet haben sich aber in seriösen Kreisen die Begriffe Internetbanking, für die Bearbeitung der Bankgeschäfte über das Internet (z.b. Überweisungsaufträge erteilen), und Electronic Commerce, für Handelstransaktionen über das Internet durchgesetzt.

Jedes der in dieser Arbeit vorgestellten Unternehmen wird auf sein Zahlungssystem, die Haftung im Mißbrauchsfall, das Verschlüsselungsverfahren das verwendet wird, den Nutzerkreis und eventuelle Besonderheiten untersucht.

Wichtig ist zu erwähnen, daß bisher noch kein Fall bei den hier vorgestellten Zahlungssystemen bekannt wurde, dem ein finanzieller Schaden durch Computerkriminalität zugrundeliegt. Die jeweilige Frage nach der Haftung im Schadensfall ist daher nur hypothetisch.

6.1. Internetbanking

Vor ca. 20 Jahren startete in Deutschland das erste Homebankingsystem mit dem damaligen BTX (heute T-online). Damals war Homebanking und auch BTX kein Erfolg. Jetzt werden ungefähr zwei Millionen Konten über T-online geführt, und der Erfolg von T-online ist wohl dem Homebanking und dem Internet-Boom zu verdanken [CH1]. Mit zunehmender Akzeptanz des Internet steigt auch für die Banken die Möglichkeit, mit diesem neuen Medium neue Kunden zu erreichen.

Die erste Bank, die über das Internet ihre Dienste anbot, ist die amerikanische Security First Network Bank [HB11].

6.1.1. Security First Network Bank (SFNB)

[http://www.sfnb.com]

Die amerikanische SFNB hat keine Filialen und ist daher eine reine Internetbank, die mit, für den amerikanischen Bankmarkt attraktiven Konditionen, wie z.B. hohen Sparzinsen, ihre Kunden an sich binden kann. Eine Kundenhalle existiert nur auf der Homepage der SFNB [CO1]. Die Einlagen der SFNB sind bei „The Federal Deposit Insurance Corporation" versichert, was in etwa dem Feuerwehr Fonds des Bundesverbands Deutscher Banken entspricht [http5].

SFNB verwendet den SSL - Standard für den sicheren Datenfluß zwischen Bank und Kunde und auf der Unternehmensseite eine Firewall [http6].

Die SFNB haftet in voller Höhe für alle Schäden, die dem Kontoinhaber entstehen, wenn ein Hacker das Sicherheitssystem der Bank überwindet oder die Bankmitarbeiter oder deren Computer einen Fehler verursachen [http7].

Durch den Computer kommt auch eine bisher in den USA unpopuläre Zahlungsart zur Anwendung: die Überweisung [HB14]. Nur wird diese e-pay genannt und ist dafür gedacht die fälligen Rechnungen zu bezahlen. Kann der Empfänger keine elektronischen Zahlungen empfangen, wird kostenlos ein Scheck mit der Post geschickt [http8] [http9].

Um den Dienst der SFNB in Anspruch nehmen zu können, braucht man einen Webbrowser, der SSL unterstützt. Dafür seien nach Angaben der Bank der Netscape Navigator ab Version 1.2 und alle Versionen des Microsoft Internet Explorers geeignet [http10].

Wer ein Konto bei der Security First Network Bank eröffnen möchte, muß entweder eine amerikanische Sozialversicherungsnummer, Steuernummer oder eine überprüfbare US - Postadresse besitzen. Die Konten werden nur in Dollar geführt und Überweisungen sind nur im Bereich der USA möglich. Das ermöglicht z.B. in Europa stationierten Soldaten die Zahlung ihrer Rechnungen in den USA [http11].

6.1.2. Wells Fargo Bank

[http://wellsfargo.com]
Ebenfalls in den USA ansässig ist die Wells Fargo Bank. Sie besitzt allerdings Filialen und benutzt ihre Internetseiten nicht nur, um Kunden für das Internetbanking zu werben, sondern sie bietet z.B. auch die Möglichkeit, „die Wells Fargo Bank in Ihrer Nähe" zu ermitteln.

Zur Datensicherung dient ebenfalls Netscape´s SSL [IO1]. Der Nutzer gibt sich der Bank durch seine Sozailversicherungsnummer und ein Paßwort zu erkennen [CO1].

Auch die Wells Fargo Bank bietet die modifizierte Überweisung an, hier heißt diese allerdings „Internet Bill Pay". Diese Zahlungen können auch datiert werden, so daß sie zu einem bestimmten Zeitpunkt ausgeführt werden. Auch ein Dauerauftrag kann bei der Wells Fargo Bank in Auftrag gegeben werden [http17]. Außerdem kann man seine aktuelle Kreditkartenabrechnung einsehen.

Wenn der Wells Fargo Bankkunde erfährt, daß eine unbefugte Person sein Paßwort kennt, z.B. ein Hacker, der die Verschlüsselung überwunden hat, so muß er seine Bank innerhalb von zwei Tagen darüber informieren. Sein Höchstschaden beträgt dann nur $50. Andernfalls ist er bis zu $500 haftbar [http18].

6.1.3. Stadtsparkasse Dortmund

[http://www.stadtsparkasse-dortmund.de]

Das erste deutsche Kreditinstitut mit einem modifizierten Internetbanking war die Stadtsparkasse Dortmund. Sie wartete nicht ab, bis die gesamte Sparkassenorganisation sich auf einen Standard geeinigt hat, sondern bot ihren Kunden ein modifiziertes Internetbanking an. Als Einschränkung ist es allerdings nötig, um die Sicherheitsbedenken bei der Bank und den Kunden zu reduzieren, daß die durch eine TAN bestätigten Überweisungsaufträge ausgedruckt und von Bankangestellten auf Plausibilität überprüft und dann per Hand in das sparkasseninterne System eingegeben werden [CZ10] [CO1]. Der Internetrechner der Bank hat also keine direkte Verbindung zum Sparkassennetz, die nötig wäre um als Hacker in das Sparkassennetz einzudringen.

Nach Auskunft von Herrn Brügger, Gruppenleiter des Bereichs S-Direkt verwendet die Stadtsparkasse Dortmund die SSL- Technik, und akzeptiert nur TAN's. Auf die Verwendung einer PIN wird verzichtet, da diese, sobald sie unbefugten Personen zugänglich wurde, immer eingesetzt werden könne, um - wie bei anderen Banken möglich - die Kontostände abzufragen. Da der Kunde jetzt bei jeder Kontostandsabfrage eine neue TAN verwenden muß, geht, auf Kosten der Sicherheit, die Anwenderfreundlichkeit verloren.

Sollte der Kunde glaubhaft machen, daß eine Transaktion nicht von ihm veranlaßt wurde, also ein Hacker das System überlistet hat, so wird die Sparkasse den Schaden in voller Höhe ersetzen.

Für ihren Internetservice berechnet die Sparkasse die normalen Gebührensätze, denn durch die doppelte manuelle Eingabe der Daten entsteht der Sparkasse auch kaum ein Kostenvorteil. Darin und durch die Tatsache, daß die

Sparkassenorganisation ein geschlossenes Auftreten bevorzugt, dürfte der verhältnismäßig geringe Werbeaufwand begründet liegen [CO1].

Neben der allgemein beim Internetbanking üblichen Kontenübersicht und Überweisungauftragsvergabe, bietet die Stadtsparkasse Dortmund Daueraufträge, An- und Verkauf von Wertpapieren und Auslandsüberweisungen auf ein kundeneigenes Konto, auch die Kontoeröffnung über das Internet an. Der Kunde muß seine Unterschrift dann allerdings an einer Sparkassenfiliale oder auf einem Einschreibebrief mit Rückschein bei der Bank glaubhaft machen [http15] [http16].

6.1.4. Sparda-Bank in Hamburg eG

[http://www.sparda-hh.de] [http://www.esd.de] [http://www.mechip.com]

Die Sparda-Bank in Hamburg kann sich mit Recht als erste Bank bezeichnen, die in Deutschland das „erste sichere Homebanking via Internet" (Werbung der Sparda-Bank) anbietet. Im Juli/August 1996 startete die Hamburger Genossenschaftsbank ihr Internetbanking. Die Sicherheitsvorkehrungen, die die Sparda-Bank anbietet, sind völlig unterschiedlich zu den bisher vorgestellten Sicherheitslösungen. Die Sparda-Bank hat als erste Bank die Hardwareverschlüsselung der Leipziger ESD Information Technology Entwicklungs GmbH lizensiert [MM1]. Während alle anderen in dieser Arbeit vorkommenden Systeme die Verschlüsselung mit einer Softwarelösung vollziehen, kommt bei der Sparda-Bank der sogenannte MeChip zum Einsatz (siehe Abbildung 2, Seite 35) [http12].

Abbildung 2, der MeChip (externe Version)

Dieser Computerchip wird an den Computer angeschlossen und wird erst aktiv, wenn der Kunde mit der Sparda-Bank in Kontakt tritt, war auf der CeBit-Home zu erfahren.

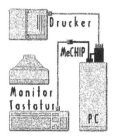

Abbildung 3   Abbildung 4

Der MeChip wird zwischenTastatur und Computer angeschlossen (siehe Abbildung 3 und 4), damit ein denkbarer Virus nicht die Daten vor der Kodierung „scannen" kann. Denkbar ist, daß dieser Virus vom Benutzer unbemerkt die Überweisung umändern oder eigene Überweisungen starten kann. Diese Gefahr droht MeChip-Anwendern nicht, da z.B. die Überweisung von der Tastatur direkt in den MeChip geleitet wird und dort sofort mit DES - und RSA - Verfahren verschlüsselt wird. Erst nach der Verschlüsselung gelangt die schon kodierte Überweisung in den Speicherbereich des Computers und wird an den Server (Zentralrechner) der Bank weitergeleitet (siehe Abbildung 5).

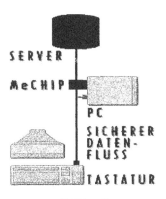

Abbildung 5

Ein Virus kann sich weder in der Tastatur, noch im MeChip aufhalten, weil in beiden Komponenten eine Speicherung von Programmen unmöglich ist [http12] [MM1]. Jeder MeChip ist ein Unikat und hat seine individuellen Code. Deshalb verzichtet die Sparda-Bank auch auf TAN´s, um die Bankaufträge zu bestätigen. Lediglich die Eingabe einer PIN ist erforderlich. Die Sicherung des Sparda-Bank-Rechners erfolgt durch eine MeFirewall, ebenfalls von ESD geliefert [MM1] [IO1] [CO1] [IS1].

Als Anwendungsprogramm dient die Finanzsoftware MeWallet, die ebenfalls von der Leipziger ESD stammt [CH2].

Nach den Sonderbedingungen der Sparda-Bank für die Nutzung des Sparda-NetBanking übernimmt die Sparda-Bank die Haftung für alle Schäden, die entstehen, sobald der Kunde angezeigt hat, daß ein „unbefugter Dritter von der NB-PIN (NetBanking-PIN) des Kunden Kenntnis erlangt hat und/oder der MeChip entwendet wurde." [SB1]

Die Kontoführung bei der Sparda-Bank sind auch in der „normalen" Version kostenlos, das internetfähige Konto ist ebenfalls gebührenfrei [IS1]. Die Sparda-Bank kooperiert mit Hamburger IS Internet Service und bietet ihren Kunden einen Internetzugang für DM 35,- monatlich an. Der Zugang nur zum Bankenrechner ist dagegen kostenlos [CO1].

Die ESD aus Leipzig ist von dem Jugend-Forscht-Preisträger József Bugóvics gegründet wurden. Der 24-jährige hat auch den MeChip entwickelt und ist der Geschäftsführer der ESD.

Der MeChip, der eine Verschlüsselung von bis zu 256 Byte zuläßt, existiert nicht nur in der zigarettenschachtelgroßen Version, die von außen an den Druckerport des Computers angeschlossen wird, sondern auch als Steckkarte für den Einbau innerhalb des Computers.

Jeder MeChip ist durch ein speziell von ESD entwickeltes Verfahren ein Unikat. ESD läßt den Chip bei Fujitsu fertigen. Der Stückkostenpreis beträgt DM 25,- bei geringen Produktionsmengen (z.B. 5000 Stück). Er arbeitet mit einer 20 MHz - Taktfrequenz [MM1].

Pläne der ESD sehen den MeChip Pro vor, eine Smartcard, die vor Benutzung der Bankverbindung in ein entsprechendes Lesegerät eingeführt wird. Der MeChip wird dadurch einfacher zu transportieren und es wird ein Problem gelöst, das der heutige MeChip mit sich bringt: die Flexibilität. Will ein Sparda-Bankkunde an einem anderen Rechner als seinem Computer, sein Konto einsehen, so muß er seinen MeChip mit sich führen, da nur in seinem MeChip sein persönlicher Schlüssel gespeichert ist. Mit der Smartcard ist der Transport so einfach, wie mit einer Euroscheckkarte [http13].

Der MeChip in seiner jetzigen Bauform ist zwar sehr sicher, aber auch extrem unflexibel gegenüber den anderen softwarebasierten Verschlüsselungsverfahren. Sollte ein Update des Verschlüsselungsalgorithmus notwendig werden, muß der ganze MeChip erneuert werden, während Softwarekodierverfahren lediglich ein neues Programm benötigen.

6.1.5. Brokat-Technologie, X*PRESSO

[http://www.brokat.de]

Das Böblinger Systemhaus Brokat Informationssysteme GmbH stellt Systeme zur sicheren Datenübertragung zwischen Kunde und Anbieter her. Dabei bietet sich die Sicherheitslösung X*PRESSO Security Package vorzugsweise als Sicherungssystem für das Internetbanking an.

Brokat profitiert von dem Exportverbot der Sicherheitstechnologie in den USA. Die Verschlüsselungssysteme, die noch nicht als Waffe eingestuft werden, können (wie z.B. der Netscape Navigator 3.0) maximal einen 40-Bit-Schlüssel erzeugen [http19], der nachweislich schon entschlüsselt wurde (siehe 5.2.3. Sicherheit der Verfahren).

Brokat hat in Zusammenarbeit mit Netscape eine Sicherheitslösung entwickelt, die in der Lage ist, durch Java-Applets in Verbindung mit dem SSL-Standdard eine 128-Bit-Verschlüsselung zu erzeugen [HB12] [CZ11]. Java-Applets sind kleine Programme, die auf den Computer des Kunden geladen werden, sobald dieser eine entsprechende Internetseite anwählt. Diese Programme werden dann sofort ausgeführt [CZ12]. Ein Vorteil dieses Systems ist, daß auf diese Art immer die neusten Programme zur Verschlüsselung zur Anwendung kommen [http14].

Die Verschlüsselung der Java-Applets erfolgt durch Verfahren, die auf IDEA-128 Bit und RSA-1024 Bit - Algorithmen beruhen. Wenn der Kunde es wünscht, liefert Brokat auch eine Verschlüsselung mit DES und Tripple DES [http19].

Das X*PRESSO Security Package und soll, laut dem Geschäftsführer von Brokat, Dr. Boris Anderer, Hackern keine Chance geben. Ebenso sollen „potentielle Virenangriffe auf die X*PRESSO-Applets im PC des Bankkunden wirksam verhindert werden können." [HB12]

Brokat hat das SRT-Protokol (Secure Request Technology) entwickelt, welches „eine leistungsoptimierte Variante des bekannten Netscape-Protokolls SSL ... implementiert" [http19]. Das SRT-Protokoll bietet den Vorteil, daß eine Verschlüsselung zusätzlich zu der Browserverschlüsselung stattfinden kann, wodurch eine noch größere Sicherheit für die Finanztransaktionen erzielt werden kann (40 Bit durch den Browser und 128 Bit durch SRT) [http19].

Die Sicherheit vor Manipulationen stellt das X*PRESSO Security Package durch einen ständigen Vergleich des „Message Authentification Code (MAC)" sicher. Der MAC ist eine Art Fingerabdruck, der jedesmal, wenn der Kunde eine Nachricht an den Anbieter (z.B. eine Bank) abschickt, erzeugt und mit der Nachricht verschickt wird. Bei der nächsten Datenübertragung zur Bank wird erneut ein MAC erzeugt und mitgesandt. Diese beiden MAC's werden miteinander verglichen. Wird keine Abweichung festgestellt, ist der Datentransfer manipulationsfrei gewesen. Bis zur letzten Datenübertragung wird dieser Vergleichsvorgang mit immer neuen MAC's fortgesetzt [http19].

Es muß noch sicher gestellt werden, daß der Kunde nicht unbeabsichtigt einen (Java-)Virus auf seinen Computer lädt, der die Verschlüsselung durchbrechen könnte, indem er sämtliche Daten vor ihrer Verschlüsselung kopiert und unkodiert an einen Dritten verschickt. Brokat löst dieses Problem, indem zu Beginn jeder Transaktion ein Zertifikat des Bankservers an den Kundenrechner mitgeschickt wird (siehe 5.2.3. Sicherheit der Verfahren). Jeder Webserver kann sich eindeutig durch ein solches Zertifikat ausweisen, vorausgesetzt, er wurde nicht manipuliert, z.B. durch einen Virus. Durch das Zertifikat werden die Java-Applet gegenüber dem Webbrowser des Kunden „beglaubigt" und der gesicherte Datenstrom ist gewährleistet [http19].

Schon bevor die Transaktionen über das Internet ausgeführt werden, sollen X*PRESSO Integrity Plug-in die geladenen Java-Applets und die Javaumgebung des

Kundenrechners überprüfen. Ein Plug-in ist ein Hilfsprogramm, das meistens vom Kunden extra in seinen Webbrowser installiert werden muß. Brokat verspricht durch das X*PRESSO Integrity Plug-ins neben der Untersuchung auf Viren auch einen schnelleren Datentransfer, da Teile der Java-Transaktions-Applets auf dem Kundenrechner gespeichert werden und sie so nicht jedesmal bei erneuter Kontaktaufnahme mit dem Bankrechner extra geladen werden müssen. Brokat stellt ständig aktualisierte Versionen des Plugin Performance Package zur Verfügung [http19] [http20].

Die X*PRESSO - Technologie sollte in einer Firewallumgebung angewendet werden. Wie in Abbildung 6 zu sehen, läßt sich der X*PRESSO Security Server gut an einen SSL - Webserver anbinden. Der als Client identifizierte Rechner stellt dabei den Kunden-PC dar, während die Firewall-Zone die Bankenrechner symbolisiert. Neben der HTML-Datenbank, in der die Internetseiten gespeichert werden, wird eine weitere Datenbank benötigt, die kundenklassenspezifische Java-Applets enthält [http19].

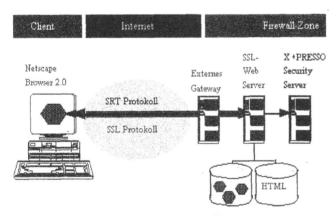

Abbildung 6, Das (Hardware-)Sicherungssystem von X*PRESSO

Um als Kunde die X*PRESSO - Sicherungstechnologie nutzen zu können, benötigt man einen Java -fähigen Webbrowser, wie er z.b. in Unix-Workstations oder auf 32- Bit-Betriebssystemen einsetzbar ist. So wird von Brokat und seinen Kunden der Netscape Navigator 3.0 oder der Microsoft Internet Explorer 3.0 (beide 32 Bit) empfohlen.

Internetbanking mit der Brokat - X*PRESSO - Sicherung wird zur Zeit bei folgenden Banken angeboten:

- Direkt Anlage Bank, München
- Bank 24, Bonn
- Consors Discount Brocker, Nürnberg
- Deutsche Bank, Frankfurt am Main

1997 sollen die Advance Bank, München, und die „FIDUCIA Informationszentrale AG, größtes Dienstleistungsrechenzentrum der genossenschaftlichen Banken- gruppe", [http21] ebenfalls Internetbanking, gesichert durch Brokat anbieten. Dadurch können 472 Volks- und Raiffeinsenbanken in den Markt des Internetbanking vorstoßen.

6.1.5.1. Direkt Anlage Bank

[http://www.diraba.de]

Die Direkt Anlage Bank GmbH, München, ist eine Tochtergesellschaft der Bayerischen Hypotheken- und Wechselbank AG. Die Direkt Anlage Bank ist auf das Wertpapiergeschäft spezialisiert und richtet sich vor allem an Anleger, die „häufig und für kleinere Beträge Wertpapiere ordern" [HB13]. Die Transaktionskosten für das „Direkt Online Konto" betragen nur die Hälfte der Gebühren der sonst über Telefon und Fax geführten Depotkonten [FA1] [HB13].

Die Direkt Anlage Bank mit der Brokat-Technology war der erste „Anbieter eines Online-Depots im Internet" [DI1].

Als zusätzliche Sicherung zu X*PRESSO hat die Bank zwei unterschiedliche Firewalls eingerichtet und die Kunden geben neben der PIN auch jeweils eine TAN zur Transaktionsabsicherung ein [DI2].

Außerdem sind Überweisungen nur auf ein handschriftlich vom Kunden bestätigtes Referenzkonto zulässig.

Dafür übernimmt die Direkt Anlage Bank das Mißbrauchsrisiko, wenn der Kunde nicht fahrlässig handelt [HB13].

Die Direkt Anlage Bank ist auch die einzige Bank, die ihren Kunden optional das Brokat Plugin Performance Package anbietet [http22].

6.1.5.2. Bank 24

[http://www.bank24.de]

Auch die Direktbanktochter der Deutschen Bank AG, die Bank 24 in Bonn, bietet seit dem November ´96 das Internetbanking mit Hilfe des X*PRESSO Security Package von Brokat an. Der Kunde legitimiert sich, indem er seine Kontonummer und PIN eingibt. Neben der allgemein üblichen Kontenübersicht ist eine Abfrage der Umsätze der letzten 30 Tage möglich. Einzig möglicher Bankauftrag ist die Überweisung, für die dann jeweils ein TAN erforderlich ist. Die PIN und TAN, die evtl. schon für die Kontoführung über T-online vorhanden waren, lassen sich ohne weiteres auch für das Internetbanking verwenden.

Kann man der Bank 24 nachweisen, daß ein Hacker das Sicherheitssystem überwunden hat, haftet die Bank für die entstandenen Schäden. Die Kreditkartenabrechnung kann, wie bei der Wells Fargo Bank, nicht eingesehen werden.

6.1.5.3. Consors Discount-Brocker

[http://www.consors.de]

Consors Discount-Brocker ist ein Unternehmen der SchmidtBank KGaA, Nürnberg. Auch Consors hat anläßlich des InternetBrocking (Wertpapieran- und -verkauf) seine Gebühren gesenkt. Allerdings waren bei Consors schon über eineinhalb Jahre Wertpapiertransaktionen über T-online möglich. Bei Consors ist zur Zeit neben der Kontenübersicht nur der An- und Verkauf von Wertpapieren möglich, dazu benötigt der Kunde PIN und TAN. Während über T-online auch Überweisungen möglich sind, ist dieser Service noch nicht über das Internet möglich. Wodurch Consors zu diesem Zeitpunkt kein Zahlungssystem über das Internet anbietet.

Wie fast alle Internetbanking-Anbieter ist auch Consors von der „nicht zu brechenden Chiffrierung" [CN1], die durch X*PRESSO gewährleistet werden soll, überzeugt.

Ein Haftungsausschluß des Kunden bei einem nachgewiesenen Computereinbruch ist bei allen untersuchten deutschen Banken kein Problem, allerdings muß im Zweifelsfall der Kunde den Mißbrauch nachweisen.

Will der Kunde seine PIN und TAN, die er schon über T-online eingesetzt hat, im Internet einsetzen, so muß er dafür einen extra Antrag unterschreiben und an Consors schicken.

6.1.5.4. Deutsche Bank AG

[http://www.deutsche-bank.de]

Nachdem Ihre Tochtergesellschaft Bank 24 ihr Internetbanking angeboten hatte, folgte auch die Deutsche Bank AG. Auch sie nutzt die X*PRESSO - Technologie und die Angabe von PIN und TAN, die die T-online-Homebanking-Kunden problemlos für die Internetanwendung übernehmen können. Mit der Kontenübersicht, Überweisungen und der Umsatzübersicht der letzten 30 Tage hat die Deutsche Bank das gleiche Angebot, wie die Bank 24. Der einzige Unterschied ist in der Identifizierung des Kunden zu sehen, er muß neben seiner Kontonummer noch die Nummer der Filiale angeben, die sein Konto führt. (Dies ist äquivalent zu der Vorgehensweise der Deutschen Bank über T-online .)

6.1.6. Gries & Heissel

[http://www.guh.de]

Die auf vermögende Privatkunden spezialisierte Gries & Heissel Bankiers KG bietet seit Ende August ´96 InternetBanking an. Die Sicherheitsarchitektur wurde von der eigenen Tochtergesellschaft G&H Bankensoftware GmbH und Hewlett Packard, USA, entwickelt. Hewlett Packard (HP) hat auch schon 1995 bei der Realisierung der SFNB (siehe 6.1.1. SFNB) mitgewirkt [http23]. Während HP überwiegend für die Firewalltechnologie verantwortlich ist, hatte die G&H Bankensoftware die Führung bei der Entwicklung von „BANCOS Online", einem Sicherheitskonzept. Wie bei der Brokat-Lösung X*PRESSO hat auch die G&H Bankensoftware eine 128 Bit-

Verschlüsselung durch einen auf Java basierenden Algorithmus erreicht. Dieser wird zusätzlich zum SSL-Protokoll eingesetzt, wobei auf die Algorithmen IDEA, 3DES (TrippelDES) und RSA zurückgegriffen wird. Während der Datenübertragung wird der Message Authentification Code (siehe 6.1.5. Brokat) übertragen. Tauchen bei der Überprüfung der MAC´s Unstimmigkeiten auf, so ist eine sichere Datenübertragung unter Umständen nicht mehr gewährleistet. Wie Jürgen Oltersdorf, Leiter des Privatkundengeschäftes von G&H in Berlin, bestätigte, hat G&H eine Versicherung für den Fall, daß nachgewiesen wird, daß ein Hacker mißbräuchlich die Sicherungen der Bank überwunden hat. Die Bank läßt sich aber vorsorglich von ihren Kunden einen Haftungsausschluß der Bank bestätigen. Ähnlich wie bei Brokat wird die Authentizität des Bankenservers durch ein Zertifikat der amerikanischen Firma VeriSign bestätigt. Der Internetzugang der Bank ist durch eine Firewall geschützt, Webserver und Datenbankserver sind getrennt. Da der Datenbankserver keine Verbindung zum *Host*system der Bank und dieser ebenfalls keine direkte Verbindung zum Internet hat, sind unberechtigte Zugriffe ausgeschlossen [http24].

6.2. Electronic Commerce

Der Handel im Internet ist eine attraktive Möglichkeit, besonders für kleine Firmen, ohne großen Aufwand ein fast unermeßliches Kundenpotential zu erschließen [IO2]. Neben der Bequemlichkeit der Kunden, die zu Hause vorm Computer einkaufen gehen, gibt es aber auch noch den Aspekt der Geschwindigkeit. Vom Wohnzimmersessel aus einzukaufen ist keine neue Idee. Schon seit Jahren machen Versandhäuser, wie Quelle, Otto oder Neckermann ausgezeichnete Gewinne mit den Kunden, die nicht ins Geschäft gehen können oder wollen. Durch das Internet ist aber der Handel mit Informationen oder Software möglich, die praktisch sofort nach der Bezahlung dem Kunden zur Verfügung stehen. Seien es Horoskope, Programme für eine bessere Datenübertragung oder die Mitgliedschaft in einer virtuellen Kunstwelt. Interessiert man sich z.B. für Kinofilme, die in einem Monat in den USA und in einem Vierteljahr erst in Deutschland erscheinen, so kann man über das Internet ausführliche Informationen und oft auch einen Trailer (Werbefilm mit Ausschnitten des Kinofilms) auf den eigenen Computer herunterladen. Aufmerksamkeit ist gefordert, wenn man im Ausland Waren bestellt. Diese könnten evtl. Exportbeschränkungen unterliegen, oder zollpflichtig sein [EK1].

6.2.1. Kreditkartentransaktionen

Die Kreditkarte bietet sich für das Internet als Zahlungssystem an, da auch der alltägliche Gebrauch der Kreditkarte nicht mehr unbedingt einer Unterschrift bedarf. Es ist vollkommen ausreichend, daß ein Vertrag über die Zahlung entstanden ist. Wer in den USA am Teleshopping teilnimmt, nennt am Telefon nur noch das Produkt, seinen Namen und seine Kreditkartendaten, und der Vertrag kommt zustande. Die Lieferung erfolgt, ebenso wie die Bezahlung, ohne daß der

Kreditkartenbeleg unterschrieben wird. Auch hierzulande kann man nur mit dem Namen, der Kreditkartennummer und dem Gültigkeitsdatum der Kreditkarte Hotelzimmer reservieren oder Dienste wie AOL bezahlen. Was liegt also näher, als eben diese Daten dem Händler im Internet, für Produkte, die dieser auf seiner Webseite anbietet, zu übermitteln. Diese Übermittlung der Kreditkartendaten, z.B. durch eine E-Mail, ist allerdings unsicher. Bis die E-Mail ihren Empfänger erreicht, kann sie zahlreiche Rechner des Internet passieren, um ihr Ziel beim Empfänger zu erreichen. An jedem dieser Rechner besteht die Gefahr, daß die E-Mail von „Sniffer"-Programmen (siehe 5. Die Sicherheit) zur späteren Verwendung durch den Hacker kopiert werden[IA1]. Die Gefahr, daß die Kreditkartendaten Dritten zugänglich werden, besteht auch, ohne daß dafür der Umgang mit dem Internet notwendig wäre. Bezahlt man eine Rechnung mit der Kreditkarte, so erhält der Händler, dessen Produkt man bezahlt hat, die Kreditkartenquittung, die er einreichen muß, um seine Bezahlung von der Kreditkartengesellschaft zu erhalten. Die Quittung enthält allerdings alle wichtigen Kreditkartendaten, wodurch ebenso Mißbrauch möglich ist.

Daß es Mißbrauch mit den Kreditkarten gibt, ist unbestritten. Die Kreditkartenfirmen geben aber nicht die Höhe des Schadens bekannt. Da der Mißbrauch die Kreditkartennutzer abschrecken könnte, wird die Kundenhaftung durch die Kreditkartenfirmen begrenzt. Visa International beschränkt die Haftungssumme des Kunden auf DM 100,-, sobald dieser der Kreditkartenfirma gemeldet hat, daß seine Daten einer dritten Person zugänglich sind. Allerdings sind alle Transaktionen, die ohne Unterschrift getätigt wurden, von der Haftung ausgeschlossen. Nach Auskunft der Bank 24 wird nicht ausgeschlossen, daß die Haftungsbegrenzung in so einem Fall doch gelten könnte, wenn sich klar darlegen ließe, daß ein Mißbrauch vorläge.

Diese Bestimmungen gelten generell für den Gebrauch der Kreditkarte (die einzelnen Kreditkartenunternehmen unterscheiden sich kaum in ihren Haftungsbestimmungen), ganz unerheblich ist es, wo die Kreditkartendaten entwendet wurden, ob im Internet oder an der Tankstelle. Die Zahlung über das

Internet ist noch zu neu, als daß es schon Extrabestimmungen für den Electronic Commerce gäbe. Um die sichere/verschlüsselte Übertragung der Kreditkartendaten zum Händler zu gewährleisten, kann man sich mehrerer Systeme bedienen. So werden auf den Anbieterrechnern Übertragungen ohne Kodierung und mit SSL-Protokoll angeboten. Es besteht aber auch die Möglichkeit einen Markler, wie First Virtual zwischenzuschalten, der die sichere Übertragung ermöglicht.

6.2.1.1. VISA, MasterCard, American Express

[http://www.americanexpress.com]

[http://www.visa.com] [http://www.mastercard.com]

Wie schon in Kapitel 5 unter 5.3.2. SET erläutert, favorisieren die bedeutenden Kreditkartenfirmen den SET-Standard. Allerdings entwickeln z.B. MasterCard und American Express eigene Ausprägungen von SET. Neben dem schon erwähnten Pilotprojekt von MasterCard in Dänemark hat auch American Express eine eigene Entwicklung angekündigt. Diese sieht vor, daß der Kunde eine persönliche „Net-ID" erhält, anhand derer der Internetanbieter und das Kreditkartenunternehmen den Kunden eindeutig identifizieren können. Diese Net-ID muß vorher zertifiziert werden [CZ13]. Dieses System zeigt keine großen Unterschiede zu dem SET-Standard auf den sich MasterCard, Visa, American Express und das amerikanische Unternehmen VeriFone geeinigt haben, [CB1]. VeriFone ist ein Experte für die Verifikation von Zahlungsmitteln, die an einer Handelskasse eingesetzt werden [HB15].

Unter „http://www.lob.de" kann man z.B. in Deutschland Bücher bei JF Lehmanns Fachbuchhandlung Online Bookshop über das Internet kaufen. Die Bezahlung erfolgt gegen Rechnung oder über die Angabe der Kreditkartendaten, die unkodiert zum

Buchhändler gesandt werden. Der Händler akzeptiert Visa, MasterCard und American Express. Generell entspricht die Akzeptanz der Kreditkarten im Internet der, die auch weltweit gilt. Visa ist mit 402 Millionen ausgegebenen Karten und über 12 Millionen Akzeptanzstellen der Marktführer. Schon 1994 hat Visa einen Kreditkar- tenumsatz von mehr als $630 Milliarden registriert [http 25]. Das Internet Shopping Outlet („http://www.shoplet.com") bietet ihren Kunden an, die Bezahlung der gekauften Waren durch Angabe der Kreditkartendaten vorzunehmen oder die Telefonnummer anzugeben, damit das Internetkaufhaus den Kunden anrufen kann, um seine Kreditkarteninformationen auf der vertrauenswürdigeren Telefonleitung entgegenzunehmen. Beim Internetkaufhaus Cybershop („http://www.nfic.com /cybershop/online") hat der Kunde die Möglichkeit, zwischen der Übermittlung über das Telefon, per Fax oder durch eine verschlüsselte E-Mail mit einen vorgegebenen öffentlichen PGP-Schlüssel zu wählen [http26].

Eine Übersicht über Onlinekaufhäuser, die hauptsächlich Kreditkarten akzeptieren findet man unter „http://www.visa.com/cgi-bin/vee/sp/guide/main.html". Einige davon unterstützen Netscapes SSL-Protokoll um die Übertragung der Kreditkartendaten sicher zu machen.

6.2.1.2. First Virtual

[http://www.fv.com]

Die amerikanische First Virtual Holding Inc. bietet seit ungefähr zwei Jahren ein System an, das es dem Kunden ermöglicht, im Internet mit der Kreditkarte einzukaufen, ohne daß die Kreditkartendaten über eine Datenleitung des Internet gesendet werden.

Mit First Virtual wird eine dritte Person in den Handelsvorgang einbezogen. Doch anders als beim SET - Standard, übernimmt First Virtual nicht Rolle einer Zertifizierungsstelle, sondern eine Marklerposition.

Die Inanspruchnahme von First Virtual erfordert allerdings eine vorherige Registrierung. Der Kunde meldet sich auf der Internetseite von First Virtual an. Unter Angabe seiner E-Mail-Adresse (optional sind auch zwei E-Mail-Adressen möglich) teilt er First Virtual ein Passwort seiner Wahl mit. Nach ca. zwei Tagen sendet First Virtual eine E-Mail an den neuen Kunden.. Der Kunde muß bei First Virtual in den USA anrufen und einem Sprachcomputer seine Kreditkartennummer und das Gültigkeitsdatum der Kreditkarte mitteilen. Innerhalb von 2 Stunden erhält der Kunde Antwort von First Virtual. In der E-Mail steht seine zukünftige VirtualPIN, die sich aus seinem freigewähltem Paßwort und einem First Virtual Zusatzwort zusammensetzt. Diese Registrierung kostet den Kunden $2,00 die mit seiner Kreditkarte bezahlt werden. Abgesehen von der jährlich Gebühr von $2,00 entstehen keine zusätzlichen Kosten. Möchte der Kunde in einem Internetkaufhaus, welches die VirtualPIN akzeptiert, ein Produkt kaufen, so teilt er dies dem Kaufhaus unter Angabe seiner VirtualPIN per E-Mail mit. Das Internetkaufhaus sendet daraufhin First Virtual eine E-Mail mit der VirtualPIN und dem Betrag, den der Kunde bezahlen muß. Für diese Übertragung steht dem Händler - neben der normalen E-Mail - auch ein von First Virtual entwickeltes Simple Mime Exchange Protokoll (SMXP) zur Verfügung. Anhand der VirtualPIN ermittelt First Virtual die E-Mail-Adresse des Kunden und schickt diesem eine E-Mail, um sich die Transaktion bestätigen zu lassen. Lehnt der Kunde die Bezahlung des Produktes ab, so kommt es zu keinem Zahlungsvorgang. Akzeptiert der Kunde den Vorgang, durch eine entsprechende E-Mail an First Virtual, teilt Frist Virtual dem Verkäufer des Produktes per E-Mail die Bestätigung für die genehmigte Transaktion mit, und durch die Post werden die Kreditkartendaten des

Kunden mitgeteilt. Durch dieses System wird sichergestellt, daß die Kreditkarteninformationen des Kunden zu keinem Zeitpunkt über das Internet gesendet werden. Ein möglicher Nachteil kann in der eventuell langen Laufzeiten der E-Mails zwischen Händler, First Virtual und dem Kunden liegen. Da die E-Mail theoretisch nur wenige Minuten benötigt, um an das Ziel zu gelangen, sollte dies jedoch kein Problem geben. In der Praxis hängt die E-Mail-Laufzeit von der Anzahl der Rechner und der Belastung der Netze ab, die die E-Mail befördern. So kann eine E- Mail von T-online (Deutschland) an AOL (USA) fünf Stunden dauern. Ein Vorteil für den Kunden ist die um Wochen verzögerte Mitteilung der Kreditkarten-daten von First Virtual an den Händler. Sollte sich das gekaufte Produkt als fehlerhaft oder die ganze Transaktion als Betrug herausstellen, so leitet First Virtual die Kreditkartendaten nicht an den Händler weiter. Liefert der Händler das Produkt (z.B. eine Information) an den Kunden aus, bevor er die Bestätigung der Transaktion hat, so geht er das Risiko ein, daß der Kunde die Bezahlung ablehnt und somit seine Kreditkartendaten für den Händler unbekannt bleiben [IO2] [IA2] [http27]. Theoretisch kann man alles mit seiner VirtualPIN kaufen, Grenzen setzen nur die eigene Kreditlinie und die Anzahl von First Virtual-Akzeptanzstellen.

Die Haftung im Mißbrauchsfall orientiert sich an den Kreditkartenbestimmungen.

6.2.1.3. CyberCash

[http://www.cybercash.com]

Die CyberCash Inc., USA, sichert seit April 1995 den Kreditkartenkauf seiner Kunden kostenlos ab. Dabei muß der Kunde, bevor er bei einer CyberCash-Akzeptanzstelle einkaufen kann, sich vom CyberCash-Internetserver die Software Wallet

„herunterladen". Die Wallet (deutsch: Brieftasche) ist Teil des CyberCash Secure Internet Payment Service. Mit der Software Wallet, die mit dem Web-Browser des Kunden arbeitet, ist eine Wallet ID verbunden. Diese wird, wenn der Kunde es wünscht, zusammen mit der Kreditkartennummer im Wallet verschlüsselt gespeichert. Für die Kodierung benutzt CyberCash eine 56 Bit-DES-Verschlüsselung und einen 1024 Bit-RSA-Algorithmus, für den CyberCash als einziges Unternehmen eine Exportlizenz erhielt [http28]. Findet der Kunde ein Produkt, das er kaufen möchte, so geschehen folgende Schritte (siehe auch Abbildung 7):

1. Der Kunde hat ein Produkt ausgewählt und die entsprechende Bestellung abgeschickt. Der Händler sendet den Kaufwunsch des Kunden mit einer TransaktionsID an den Kunden.

2. Der Kunde bestätigt, daß er das Produkt bezahlen will und aktiviert sein Wallet-Programm, welches die WalletID mit der Bestellung an den Händler schickt.

3. Der Händler erhält diese Datenübertragung, entnimmt aus der E-Mail die Bestellung und sendet die verschlüsselte Zahlungsinformation an den CyberCashserver. Der Händler erhält keinen Einblick in die Kreditkartendaten des Kunden.

4. Nachdem die E-Mail durch die Firewall des Cybercashservers überprüft wurde, entschlüsselt Cybercash deren Inhalt, rekonstuiert die Transaktion und sendet diese über sichere Leitungen an die Bank des Händlers.

5. Die Bank des Händlers setzt sich mit dem Kreditkarteninstitut des Kunden in Verbindung und überprüft dessen Kreditwürdigkeit. Die Bestätigung oder Ablehnung wird verschlüsselt und an CyberCash übermittelt.

6. CyberCash teilt das Ergebnis der Kreditwürdigkeitsprüfung dem Händler mit, der daraufhin dem Kunden das Produkt liefert. Dieser Vorgang dauert 15-20 Sekunden [http29].

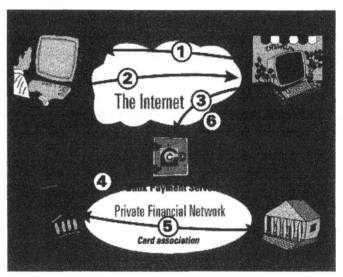

Abbildung 7, Schritte der CyberCash-Zahlung

Bei jeder Station der Zahlungsinformation wurde ihr eine digitale Signatur hinzugefügt, so daß genau nachvollzogen werden kann, wer welche Schritte schon getätigt hat. Auf diese Weise wird vermieden, daß der Verkäufer nur die Bezahlung erhält, das Gut aber nicht liefert [IO2] [http29].

Seit September 1996 bietet CyberCash auch eine Kunstwährung an. Dieses digitale Zahlungsmittel heißt CyberCoin. Im „electronic Wallet" wird die CyberCoin aufbewahrt. Sie ist für kleinere Einkäufe gedacht, die zwischen $0,25 und $10,00 liegen. Auch dieses Zahlungssystem ist für den CyberCash-Kunden kostenlos. Die CyberCoin ist in Wirklichkeit nur eine Kopie des Geldgegenwertes auf dem Girokonto. Das wird deutlich, wenn die Festplatte, auf der das electronic Wallet abgespeichert ist, beschädigt wird. Die Bank, die dem Kunden die CyberCoins ausgehändigt hat, kann nachvollzeihen, wieviel er noch auf dem Konto hatte. Die CyberCoin ist wie das Kreditkartensystem von CyberCash nicht anonym, sondern nur verschlüsselt. CyberCash benutzt eine 768 Bit-RSA-Verchlüsselung und schützt die electronic Wallet durch ein Paßwort. CyberCoin kann nicht benutzt werden, um anderen electronic Wallet-Inhabern CyberCoins zu „überweisen". Diese Anwendung soll 1997 durch den electronic check service ermöglicht werden [http30].

Der Kunde überträgt beim Kauf eines Produktes die CyberCoins, wodurch wahrscheinlich ein Verifizierungsvorgang ausgelöst wird, der ähnlich dem der CyberCash-Kreditkartenzahlung ist. Da die Bank des Kunden an dem Verifizierungs-vorgang beteiligt ist, wird dort möglicherweise eine Umbuchung zu Gunsten des Händlers stattfinden. Die CyberCoin ist anscheinend noch nicht als Zahlungssystem verwendbar oder befindet sich in einer frühen Testphase, daher sind die Ausführungen zum Zahlungsvorgang spekulativ.

Für das Kreditkartenzahlungssystem von CyberCash, orientiert sich die Haftung im Mißbrauchsfall an den Bestimmungen der Kreditkartenfirma des Kunden.

6.2.2. ecash

[http://www.digicash.com]

Die holländische Firma Digicash verfügt mit ihrer Kunstwährung ecash, die am weitesten entwickelte Internetwährung. Ecash ist eine Erfindung des Kryptologieexperten David Chaum. Die Übertragung von digitalen Münzen soll genauso funktionieren, wie es mit gesetzlichen Zahlungsmitteln möglich ist. Anonym und schnell. Um ecash nutzen zu können, benötigt man die „ecash client software",

ein Windowsprogramm, das den ecash-Betrag, den man zur Verfügung hat, anzeigt
(siehe Abbildung 8) und jede Art der ecash-Übertragung, seien es Zahlungen an
Händler, Bekannte oder die eigene Bank, ermöglicht. Zur Übertragung von ecash
wird ein eigenes Protokoll benötigt.

Abbildung 8, ecash-Geldbörse

Jede digitale Münze oder ecash-Währungseinheit besteht aus einer weltweit
einzigartigen verschlüsselten Zahlen- und Zeichenfolge, die entsteht, wenn der
Nutzer ecash von seiner Hausbank auf seine Festplatte lädt. In jeder ecash-Münze
ist eine digitale Unterschrift implementiert, die einen bestimmten Wert repräsentiert.
Will der Nutzer ecash zu seiner Verfügung haben, nimmt er zu seiner Bank Kontakt
auf. Durch die Angabe, wieviel ecash der Nutzer haben möchte, bestimmt er, welche
Stückelung der ecash-Betrag haben soll. Die Software des Nutzers erzeugt dann
eine entsprechende Anzahl von Zufallszahlenreihen, die dann nach einem RSA-
Verfahren verschlüsselt werden. Diese Zahlenreihen sind die eigentlichen digitalen
Münzen, sie sind aber noch wertlos. Die wertlosen Münzen werden mit ihrem
digitalen Umschlag, der RSA-Verschlüsselung, zur Bank geschickt, die diese dann
„gültig stempelt", bzw. ihren public key auf die kodierte Zahlenreihe anwendet
und den Gegenwert vom Konto des Nutzers abbucht. Danach sendet die Bank die
fertigen ecash-Münzen an den Nutzer zurück (siehe Abbildung 9).

Abbildung 9, Die Entstehung einer ecash-Münze

Durch dieses Verfahren, auch „Blind Signature" genannt, kann die Bank jederzeit überprüfen, ob das Geld echt ist, also von ihr stammt, aber eine Zurückverfolgung der Zahlungswege ist nicht möglich.

Zur Zeit testet die Deutsche Bank ecash, um es in Deutschland auf den Internetmarkt zu bringen. Allerdings sollte schon im Herbst 1996 ein Test mit Kunden der Deutschen Bank beginnen, der noch nicht gestartet ist. Ein Feldversuch namens „Cyberbuck" läuft schon seit einem Jahr mit der Mark Twain Bank, USA. [UO1] [IO2] [http31].

Da ecash sich noch in der Betaphase befindet, werden noch keine Angaben zur Haftung im späteren Einsatz gemacht. Auch ist noch nicht geklärt, wie vorgegangen werden soll, wenn die Festplatte nicht mehr funktioniert. Anders als bei CyberCoin, weiß bei ecash die Bank nicht, wieviel ecash der Bankkunde noch hatte [UO1].

7. Gefahren

Die Gefahren für die Internetzahlungssysteme sind unterschiedlich. Neben der Angst vor Hackern und Viren, gefährden Leichtsinnigkeit (es sei an die Pulsar GmbH erinnert, die ihre Kundendaten unverschlüsselt im Internet verfügbar hielt), Exportverbote (wie das Exportverbot der Verschlüsselungstechnologie in den USA), Exportbeschränkungen (Handel über das Internet kann dazu führen, daß Güter von einem Land in das andere geliefert werden, was unter Umständen verboten ist [EK1]), betrügerische Tarnfirmen und Geldmengensorgen die freie Entfaltung der Zahlungssysteme im Internet.

7.1. Einflußnahme der Kunstwährungen auf die Geldmenge

Bundesbank-Direktoriumsmitglied Edgar Meister sieht in den Kunstwährungen die Gefahr, daß diese gefälscht werden und kriminelle Vereinigungen die anonymen Kunstwährungen zur Geldwäsche benutzen könnten[HB16].

Durch Kunstwährungen wie ecash kann die Geldmenge beeinflußt werden, in die die Kunstwährung konvertiert werden kann. So wird ecash z.B. im Verhältnis eins zu eins in US-Dollar umgetauscht. Das Problem hierbei ist, daß die jeweilige Zentralbank die Ausweitung der Kunstwährungsgeldmenge nicht überwachen kann, da sie keinerlei Einschränkungsmaßnahmen, wie eine höhere Mindestreserve anordnen kann.

Für Großkonzerne kann die neue Währung sehr attraktiv sein. Durch die Ausgabe einer Ersatzwährung für Mitarbeiter, Kunden und Lieferanten könnte sich der Umsatz erhöhen, wenn man das Versprechen einhalten kann, daß dem Ersatzgeld ein realer Wert gegenübersteht. Eine „Geldschöpfung", wie sie in Deutschland nur von Kreditinstituten unter Aufsicht der Bundesbank vollzogen wird, könnte leicht zu einer

Inflation in der Kunstwährung führen. Einer gestiegenen Geldmenge steht dann eine konstante Gütermenge gegenüber, so daß der Preis pro Gütereinheit steigen muß. Je nach der Größe des Marktes, auf dem mit der Kunstwährung bezahlt wird, kann das dazu führen, daß die Währung nicht mehr bzw. nur noch zu einem niedrigeren Kurs konvertiert wird, was die Inflation der Kunstwährung noch verstärken würde, oder bei gleichbleibender Konvertierung könnte die Inflation auf die Währung übergreifen, in die die Ersatzwährung getauscht wurde. Um diesen Szenarien vorzubeugen, haben fast alle EU-Staaten Gesetzesinitiativen entworfen, um das Kunstgeld durch eine Bankenaufsicht kontrollieren zu können [MM1].

Der Präsident der Federal Reserve Bank von New York, William McDonough geht davon aus, daß „die Gestaltungsmöglichkeiten der US-Notenbank" durch „elektronisches Geld" nicht beeinflußt werden, da „der Übergang granduell verlaufen werde" [HB17]. Ein gradueller Übergang setzt aber ein gleichbleibendes Konvertierungsverhältnis voraus, wodurch die Ausgabe- und Annahmestellen der Kunstwährung die Verantwortung tragen.

US-Finanzminister Robert Rubin weist darauf hin, daß es eine schwierige Aufgabe ist, die „Sicherheit für die Verbraucher zu gewährleisten, ohne neue Entwicklungen zu bremsen" [HB17].

Das Bundesbank-Direktoriumsmitglied Wendelin Hartmann hat in einem Interview seinen Standpunkt zu Kunstwährungen wie ecash deutlich gemacht. Herr Hartmann hält es für möglich, daß „massive Fälschungen, systembedingte Falschbuchungen" oder der Zusammenbruch „bedeutender Emittenten" der Kunstwährungen den Verbrauchern direkt oder indirekt, durch die Störung des Zahlungsverkehrs, Schaden zufügen kann. Durch das 6. Kreditwesengesetz, das voraussichtlich Mitte '97 in Kraft tritt, soll das elektronische Netzgeld nur noch von Banken ausgegeben werden dürfen. Denkbar sei bei einer weiten Verbreitung von Kunstwährungen auch, eine Deckungspflicht für die ausgegebenen Ersatzwährungseinheiten einzuführen, um so einer Inflation vorzubeugen [IA2].

Unter 6.2.2. ecash wurde schon auf die Gefahr der Fälschung hingewiesen. Sollte es
möglich sein - durch eine geschickte Programmierung -, daß das Falschgeld nicht
mehr vom Original zu unterscheiden ist, wäre dies ein weiterer Gefahrenpunkt.
Die Zehnergruppe der Notenbanken (G10) hat die Gefahren, die von den
Kunstwährungen ausgehen, erkannt, glaubt aber, daß durch zukünftige
Technologien, die Sicherheit der Kunstwährungen verbessert wird und illegale
Transaktionen nachvollzogen werden können [HB18].

7.2. Möglichkeiten des Betruges

Kann ein Hacker die Absicherungen einer Internetbank überwinden, steht ihm die
Möglichkeit offen, eine Überweisung von dem Konto aus zu tätigen, in das er
eingebrochen ist. Allerdings werden nur Inlandsüberweisungen oder Überweisungen
auf ein Konto des Kontoinhabers im Ausland zugelassen. Dadurch wird die
Rückverfolgung auf den Täter leichter, die Abschreckung ist also noch ziemlich hoch
und steht in keinem Verhältnis zum noch gar nicht meßbaren Aufwand, die 128 Bit-
Schlüssel zu entschlüsseln.
Die Möglichkeiten des Kreditkartenbetrugs lassen sich, wie schon unter 6.2.1.
Kreditkartentransaktionen besprochen, nur verhindern, wenn die Kreditkartendaten
nicht von einer dritten Person kopiert werden. Die Haftungsbeschränkung in Höhe
von DM 100,- kommt erst zum Tragen, wenn der Verlust der Karte gemeldet oder der
Verdacht geäußert wird, daß die Daten der Kreditkarte von einer dritten Person
kopiert wurden.
Ein Händler, der nur eine Scheinfirma betreibt, um an Kreditkartendaten oder
Kunstwährungen des Kunden zu kommen, kann bei der Zertifizierungsstelle von der
Zertifizierung ausgeschlossen werden. Denkbar ist eine Datenbank, in der der Kunde
überprüfen kann, ob der jeweilige Händler vertrauenswürdig ist.

Das System von First Virtual hat bisher noch keine Angriffspunkte gezeigt. Die E-Mails, die gesendet werden, müssen zwar nicht alle verschlüsselt sein, aber einem Hacker nützt die VirtualPIN nichts, denn sobald der Eigentümer der PIN auf einen unauthorisierten Vorgang aufmerksam wird, kann er dies First Virtual mitteilen und der Account, das Konto bei First Virtual, wird gelöscht.

Die Hardwareverschlüsselung der Sparda-Bank scheint bisher noch keinen kritischen Ansatz am Verschlüsselungssystem zu bieten. Auf der CeBit-Home kündigte die Tochtergesellschaft des Großhändlers Metro AG, metronet Kommunikationsdienste GmbH & Co KG, an, ebenfalls die Hardwarelösung von ESD benutzen zu wollen [http32].

Der Chaos Computer Club philosophierte zur Unüberwindbarkeit des MeChip: „Technik ist immer irgendwo Unsicherheit" [HB19].

8. Aktuelle Entwicklungen, Aussichten

Die technischen Fortschritte auf dem Internetsektor sind schwer einzuschätzen. Vor zwei Jahren gab es in Deutschland noch keine einzige Bank, die Internetbanking angeboten hat. Seit die ersten Banken 1996 mit ihren Lösungen auf den Markt gekommen sind, denken immer mehr Banken über Internetbanking nach. So wollen die Genossenschaftsbanken der Volks- und Raiffeisenbanken und die Advance Bank AG noch dieses Jahr mit Brokats X*PRESSO ins Internet starten.

Die Sparkassenorganisation hat schon auf der CeBit-Home '96 ihr System skizziert, das im Frühjahr 1997 in die Probephase übergehen und zur CeBit im März 1997 offiziell vorgestellt werden soll [IO1]. Die wichtigste Neuerung der Sparkassen-organisation ist ihr Homebanking Computing Interface (HBCI). HBCI ist ein neuer Homebanking-Standard, der nach den Kriterien des Zentralen Kreditausschuß (ZKA) erarbeitet wurde. HBCI soll den veralteten CePT-Standard und die Schnittstellen von T-online ablösen. Durch HBCI sollen weitere Auftragsmöglichkeiten zum Homebanking hinzukommen. So soll durch HBCI neben den klassischen Funktionen des Homebanking, wie Kontostandsabfrage, Umsätze und Überweisungen, auch der Wertpapierkauf, die Festgeldanlage [HB20], Kontoeröffnungen, Euroüberweisungen, Einrichtung von Sparkonten, Daueraufträgen und elektronisches Geld hinzu kommen . HBCI soll auch über unsichere Netze wie das Internet sicher sein. Für die Verschlüsselung sorgt eine Smartcard, die auch PIN und TAN überflüssig machen soll. Der Chip der Smartcard verschlüsselt die Daten nach einem dynamischen Trippel-DES Verfahren. Zusätzlich erfolgt eine elektronische Signatur durch MAC's oder einem RSA-Algorithmus. Da HBCI plattformunabhängig ist, kann der Kunde seine Bankgeschäfte auch über eine Set-top-box ausführen. Eine Set-top-box ist z.B. der Digitaldecoder, den die Kirchgruppe unter dem Namen d-box für ihren Fernsehsender DF1 auf den Markt gebracht hat. Der Decoder kann die digitalen Fernsehsignale decodieren. An der d-box gibt es eine Telefonanschlußmöglichkeit, die für Pay-per-view-Sendungen, einen Internetzugang und Homebanking mit der d-box vorgesehen ist [CH3] [CZ14] [HB20]. Eine weitere Smartcard-Einsatzmöglichkeit will die Leipziger ESD auf den Markt bringen. Der MeChip PRO wird in „einen intelligenten Kartenleser integriert." Daß bedeutet, daß der MeChip nur dann verschlüsseln kann, wenn die Smartcard in den Kartenleser eingeführt wurde. Diese Lösung beseitigt zwar das Problem der Inflexibilität, das der MeChip heute hat, eröffnet aber neue Fragen, bezüglich der Diebstahlgefahr. Der heutige MeChip ist nicht geeignet, um ihn wie eine Euroscheckkarte mit sich zu führen. Kann der Nutzer die Smartcard des MeChip PRO leicht mit sich führen, steigt dadurch die Diebstahlwahrscheinlichkeit, was eventuell weitere Sicherungsmaßnahmen wie z.B. TAN´s erfordern könnte [http13].

Die Vorteile der Zahlungssysteme im Internet, gegenüber herkömmlichen Zahlungssystemen sind in einer gesteigerten Bequemlichkeit, der Eröffnung neuer Möglichkeiten, durch den großen Informationsgehalt und die Geschwindigkeit des Internet und geringeren Gebühren beim Internetbanking zu sehen. Der Informationsvorsprung, den das Internet ermöglicht, kann von großer finanzieller Bedeutung sein, wenn es beispielsweise um Börsenkurse oder Nachrichten geht.

Nachteile sind der schwindende soziale Kontakt mit den Mitmenschen und der Weg zum „gläsernen Bürger", denn mit jeder Abfrage im WWW hinterläßt der Anwender eine elektronische Spur im Netz. Unternehmen können die Gewohnheiten des Anwenders im Internet erforschen, ohne daß dieser es merkt. Ein weiterer Nachteil ist in der zeitaufwendigen Verschlüsselungstechnologie zu sehen, wenn die Gefahr besteht, Viren aus dem Internet zu laden, die die Verschlüsselung ad absurdum führen, da sie die eingegebenen Daten vor der Verschlüsselung kopieren und unverschlüsselt an Dritte versenden können. Die Verschlüsselungssysteme verhindern lediglich, mit Ausnahme des MeChip-Systems bei der Sparda-Bank, daß die sensiblen Daten während der Datenübertragung abgefangen und verwertet werden können, zwischen der Eingabe der Daten und der Datenübertragung besteht noch eine Sicherheitslücke, die durch Virensuchprogramme, wie z.B. dem Brokat Plugin Performance Package (siehe 6.1.5. Brokat-Technologie) geschlossen werden soll [IA2].

Vergleicht man die Möglichkeiten, die einem das Internet im Gegesatz zu einem geschlossenen Netz wie T-online bietet, so ist ein Vorteil des Internet, die Informationsvielfalt, was sich aber auch als ein Nachteil darstellen kann. Weil das Internet dezentral organisiert ist und ständig neue Internetseiten angeboten werden, ist es sehr schwierig die Übersicht zu behalten. Man muß sich spezieller Suchprogramme bedienen, um herauszufinden, wo es den gewünschten Inhalt zu finden gibt. Ist die Suche ergebnislos, bedeutet das nicht, das es diesen Inhalt nicht gibt. Es deutet nur daraufhin, daß der Suchdienst den Inhalt nicht gefunden hat. Bei T-online gibt es ein Anbieter- und ein Schlagwortverzeichnes, ist der Inhalt dort nicht zu finden, kann man davon ausgehen, daß er nicht unter T-online zu finden ist! Ein Vorteil von T-online ist das geschlossene Datennetz. Datenübertragungen müssen nicht kodiert werden, weil nicht die Gefahr besteht, daß Hacker sie mißbrauchen. Es ist nämlich sehr schwer in ein geschlossenes Datennetz einzudringen, da sich dieses z.B. durch Firewalls schützen läßt.

Wichtig zu erwähnen ist, daß sich diese Arbeit hauptsächlich mit Internetzahlungssystemen auseinandergesetzt hat, die sich nicht mehr in einer Testphase befinden, wie z.B. fast alle Internetbankingsysteme. Zahlungssysteme, wie die CyberCoin von CyberCash oder ecash von Digicash sind besser zu beurteilen, wenn sie offiziell in den Markt der Zahlungssysteme eingeführt wurden und die gröbsten Kinderkrankheiten beseitigt wurden. Denn dann stellt sich heraus, ob ein Zahlungssystem zu mehr, als nur zu einer Liebhaberei geeignet ist.

9. Quellen

Hier befinden sich Quellenkürzel alphabetisch sortiert. Die Zeitungsartikel sind bei T-online, *genios# abrufbar.

[BM1]   BANK MAGAZIN 3/96 Seite 57

[CA1]   Capital 10/96 Seite 304ff „Die Gefahr gebannt"

[CB1]   Messezeitung der CeBit ´96, 18.03.96 „Kreditkarte im Internet sicher"

[CH1]   CeBIT-Home Presseinformation vom 26.08.96 „Bankgeschäfte - bald
             nur noch elektronisch?"

[CH2]   CeBit-Home Pressemappe „Virtual Banking" - „Sparda-Bank Hamburg
             eG"

[CH3]   CeBit-Home,SIZ Sparkassen Informatikzenttrum - Fachveranstaltung
             „Homebanking der Zukunft, Die Bedeutung von HBCI"-Foliensammlung

[CO1]   COM! 7/96, Seite 10 „Internet statt Filiale?"

[CN1]   Consors Werbeblatt „Consors InternetBroking"

[CZ1]   Computer Zeitung Nr.28, 11.07.96 „Ohne Medienbruch einkaufen - vom
             Ordern bis zum Zahlen"

[CZ2]   Computer Zeitung Nr.28, 11.07.96 „testen Sie selbst: Sind Ihre
             Produkte für eine Werbung im Internet geeignet oder nicht?"

[CZ3]   Computer Zeitung Nr.28, 11.07.96, Seite 30 „Der Einstieg ins
             Netzgeschäft zwingt dazu, die Geschäftsprozesse umzumodeln"

[CZ4]   Computer Zeitung, 21.11.96 , Seite 7 „Zehn Millionen Online-Nutzer im
           Jahr2000"
[CZ5]   Computer Zeitung, 21.11.96, Seite 6 „Diskussion um Recht im Internet
           läßt Parteien ideologisch heftig reagieren"
[CZ6]   Computer Zeitung, 28.11.96, Seite 28 „Schlüssel für die elekronische
           Signatur sind noch lange nicht geschmiedet"
[CZ7]   Computer Zeitung, 25.07.96 „Netscape geht jetzt auf Nummer Sicher"
[CZ8]   Computer Zeitung, 25.07.96 „Heiße Chipkarten geben Code preis"
[CZ9]   Computer Zeitung, 14.11.96, Seite 18 „Die aktuellen Web-Server
           unterstützen den elektronischen Handel nur schlecht"
[CZ10]   Computer Zeitung, 25.07.96 „Internet-Banking per Handbetrieb"
[CZ11]   Computer Zeitung 14.11.96 „Die Sicherheit vom Chip ist chancenlos"
[CZ12]   Computer Zeitung 14.11.96 „Internet- und Online-Banking werden zu
           Jockern im harten Kampf um neue Kunden"
[CZ13]   Computer Zeitung 14.11.96 „American Express bringt Internet-ID"
[CZ14]   Computer Zeitung 08.08.96 „Homebanking-Standard macht PIN und
           TAN überflüssig"

[DI1]   DIREKT CeBit'96 EXTRA, Kundenblatt der Direkt Anlage Bank, Seite 2
           „Innovation"
[DI1]   DIREKT Oktober'96, Seite 2 „Zum Thema: Sicherheit im Internet"

[DC1]   Tony Gunton „Dictionary of Information Technology and Computer
           science" erschienen bei Pinguin Books 1992, ISBN 0-14-051240-3
           Seite 195

Ed Krol „Die Welt des Internet" erschienen bei O´Reilly 1995,

ISBN 3-930673-01-0

[EK1]   Seite 42 „Exportgesetze"

[EK2]   Seite 122ff „Wie E-Mail funktioniert"

[EK3]   Seite 582 „Glossar"

[EK4]   Seite 15ff „Was ist das Internet?"

[EK5]   Seite 579 „Glossar"

[EK6]   Seite 333ff „Das World Wide Web"

[FA1]   Frankfurter Allgemeine Zeitung, 28.08.96, Seite 21 „Die Direkt Anlage
             Bank will in Europa die erste im Internet sein"

[GW1]   Gateway 08/96 Seite 92ff „Der lange Weg zum Standard"

[GW2]   Gateway 07/96 Seite 109 „Absender erkannt"

Handelsblattartikel

[HB1]   Handelsblatt 24.12.96, Seite 13 „Rund um die Uhr geöffnet"

[HB2]   Handelsblatt 24.12.96, Seite 11 „Chancen für Newcomer durch Internet-
             Banking"

[HB3]   Handelsblatt 21.05.96 „Der weite Weg zur virtuellen Vollbank"

[HB4]   Handelsblatt 01.07.96 „Online auf dem Vormarsch"

[HB5]   Handelsblatt 27.09.96 „Onlinebrockerage auf dem Datenhighway"

[HB6]   Handelsblatt 16.09.96 „Kaufen per Klick lockt ins Internet"

[HB7]   Handelsblatt 07.01.97,Seite 11 „Computernotizen"

[HB8]   Handelsblatt 20.12.96 „Sensible Kreditkarten-Daten ungeschützt im
             Internet"

[HB9]   Handelsblatt 18.11.96 „Privatsphäre ist ein Menschenrecht"

[HB10]   Handelsblatt 07.01.97, Seite 11 „Schauder"

[HB11]   Handelsblatt 08.10.96, Seite 24 „Treffpunkt virtuelle Schalterhalle"

[HB12]   Handelsblatt 29.08.96 „Der Kunde ist jetzt das Hauptrisiko"

[HB13]   Handelsblatt 29.08.96 „ Zeilgruppe sind aktive Kleinanleger"

[HB14]   Handelsblatt 31.12.96, Seite 46 „Bankkonten im Ausland sind bei
          Amerikanern unbeliebt"

[HB15]   Handelsblatt 24.01.96 „Entwicklung fürs Online-Bezahlen"

[HB16]   Handelsblatt 19.06.96 „Meister: Weicher Euro wäre kein Bauhelfer"

[HB17]   Handelsblatt 23.09.96 „Elektronisches Geld ohne Einfluß auf US-
          Geldpolitik"

[HB18]   Handelsblatt 11.09.96 „Notenbankstudie: Virtuelles Geld birgt Risiken"

[HB19]   Handelsblatt 04.06.96 „Chaos-Computerclub warnt vor Restrisiko"

[HB20]   Handelsblatt 29.08.96 „Der neue Standard HBCI ermöglicht viele neue
          Bankgeschäfte am PC"

Diese Artikel sind im Internet nachzulesen

[http1]   „1. Homebanking heute", Stand 03.01.97
          „http://www.esd.de/de/bank/bank.htm"

[http2]   „Capter 2: Technology Overview" , Stand 30.12.96
          „http://www.ora.com/www/research/netcraft/tutorial.html"

[http3]   „1. Sicherheit im Internet", Stand 03.01.97
          „http://www.esd.de/de/secu/secu.htm"

[http4]   Artikel von Marcus J. Ranum „Electronic Commerce and Security",
          Stand 03.01.97
          „http://www.v-one.com/newpages/ecommerce.html"

[http5]   „Bank Information" Stand 08.01.97
          „http://www.sfnb.com/infodesk/bankinfo_menu.html"

[http6]   „Security White Paper" Stand 08.01.97

             „http://www.sfnb.com/infodesk/white-paper_security.html"

[http7]   „Security First network Bank´s No Risk Guarantee" Stand 08.01.97

             „http://www.sfnb.com/guarantee/"

[http8]   „Why Security First Network Bank" Stand 08.01.97

             „http://www.sfnb.com/whyus/"

[http9]   „SFNB Interest Checking Accounts" Stand 08.01.97

             „http://www.sfnb.com/infodesk/interest_checking_info.html"

[http10]   „Welcome To A Higher Form Of Banking" Stand 08.01.97

             „http://www.sfnb.com/apply/cusapp.html"

[http11]   „Can I open an account from outside the United States?"

             Stand: 08.01.97

             „http://www.sfnb.com/infodesk/caq_us.html"

[http12]   „Sicherheit im Internet" Stand 03.01.97

             „http://www.sparda-hh.de/homebank.htm#sicherheit"

[http13]   „MeChip PRO" Stand 03.01.97

             „http://www.esd.de:80/mechip.com/mechip/mepro.htm"

[http14]   „Internet Banking mit der BANK 24"

             gefunden unter „http://www.bank24.de"-aktuelles

[http15]   „Was bietet S-Direkt?" Stand 10.01.97

             „http://www.stadtsparkasse-dortmund.de/p01b01.html"

[http16]   „Eröffnung eines S-Direkt-Girokontos" Stand 10.01.97

             „http://www.stadtsparkasse-dortmund.de/p01e01.html"

[http17]   „WELLS FARGO PERSONAL FINANCE - Internet Bill Pay"

             Stand 10.01.97

             „http://wellsfargo.com/per/online/center/billpay/"

[http18]   „Online Access Agreement For Wells Fargo Online - VI. Protecting Your
              Account" Stand 10.01.97
              „https://banking.wellsfargo.com/common/html/wibdisc.html#prevent"

[http19]   „Produktinformation" Stand 10.01.97
              „http://www.brokat.de/xpresso/xpdprin.htm"

[http20]   „Plugin Performance Package" Stand 10.01.97
              „https://www.brokat.de/cgi-bin/bisp/BispCgiRouter?GFAABBCCDD00"

[http21]   „Pressemitteilung Brokat Systeme" Stand 10.01.97
              „http://www.brokat.de/pressinf/prfidu1.htm"

[http22]   „Benutzungshinweise" Stand 10.01.97
              „http://www.diraba.de/guide.html"

[http23]   „Online-Banking auf HP" Stand 10.01.97
              „http://www.hp.com/germany/news/PRODNEWS:HTML"

[http24]   „Sicherheit" Stand 10.01.97
              „http://www.bancos.com/produkte/online/online1.htm"

[http25]   „Visa and Worlds Inc. Develop virtual bank branches for the Internet"
              gefunden unter „http://www.visa.com"

[http26]   „On-line Malls" Stand 31.12.96
              „http://www.visa.com/cgi-bin/vee/sp/guide/main.html"

[http27]   „Buyer´s Agreement with First Virtual Holdings Incorporated"
              gefunden unter „http://www.fv.com"

[http28]   „CyberCash Overview" Stand 10.01.97
              „http://www.cybercash.com/cybercash/info/overview.html"

[http29]   „Six steps in a Secure Internet credit Card Payment" Stand 10.01.97
              „http://www.cybercash.com/cybercash/info/sixsteps.html"

[http30]   „Cybercion FAQ" Stand10.01.97
              „http://www.cybercash.com/cybercash/shoppers/coinfaq.html"

[http31]   „about ecash" Stand 10.01.97

             „http://www.digicash.com/ecash/about.html"

[http32]   „Anbieter" Stand 10.01.97

             „http://www.esd.de:80/mechip.com/anbieter/index.htm"

[IA1]   Internet Aktuell 11/96, Seite 9 „Das gläserne Netz"

[IA2]   Internet Aktuell 09/96, Seite 30 „Netzgeld - zahlen im Cyberspace"

[IO1]   Internet Online 09/96, Seite 11ff „Banken im Cyberspace"

[IO2]   Internet Online 09/96, Seite 15ff „E-Cash"

[IS1]   in´side online 11/96, Seite 100 „Banken auf dem Weg ins Web"

[LD1]   Lexikon der Datenverarbeitung, von Müller, Löbel, Schmid 1985 im

             Verlag Moderne Industrie erschienen, ISBN 3-478-33209-5

[MM1]   Multiuser Multitasking Magazin 08/96, Seite 92ff „Bitzahler"

[PC1]   PCWELT 11/96, Seite 1 „Krieg der Browser"

[SB1]   „Sonderbedingungen für die Nutzung des Sparda-NetBanking der

             Sparda-Bank Hamburg eG" Stand 01.09.96

[UO1]   Unix Open 11/96, Seite 68ff „Ist sicher auch sicher genug?"

Hiermit versichere ich, daß ich diese Arbeit selbständig angefertigt, keine anderen als die angegebenen Hilfsmittel benutzt und alle wörtlichen oder sinngemäßen Entlehnungen deutlich als solche gekennzeichnet habe.

Christian Strenge

Diplom.de

Wissensquellen gewinnbringend nutzen

Qualität, Praxisrelevanz und Aktualität zeichnen unsere Studien aus. Wir bieten Ihnen im Auftrag unserer Autorinnen und Autoren Wirtschafts-studien und wissenschaftliche Abschlussarbeiten – Dissertationen, Diplomarbeiten, Magisterarbeiten, Staatsexamensarbeiten und Studien-arbeiten zum Kauf. Sie wurden an deutschen Universitäten, Fachhoch-schulen, Akademien oder vergleichbaren Institutionen der Europäischen Union geschrieben. Der Notendurchschnitt liegt bei 1,5.

Wettbewerbsvorteile verschaffen – Vergleichen Sie den Preis unserer Studien mit den Honoraren externer Berater. Um dieses Wissen selbst zusammenzutragen, müssten Sie viel Zeit und Geld aufbringen.

http://www.diplom.de bietet Ihnen unser vollständiges Lieferprogramm mit mehreren tausend Studien im Internet. Neben dem Online-Katalog und der Online-Suchmaschine für Ihre Recherche steht Ihnen auch eine Online-Bestellfunktion zur Verfügung. Inhaltliche Zusammenfassungen und Inhaltsverzeichnisse zu jeder Studie sind im Internet einsehbar.

Individueller Service – Gerne senden wir Ihnen auch unseren Papier-katalog zu. Bitte fordern Sie Ihr individuelles Exemplar bei uns an. Für Fragen, Anregungen und individuelle Anfragen stehen wir Ihnen gerne zur Verfügung. Wir freuen uns auf eine gute Zusammenarbeit.

Ihr Team der Diplomarbeiten Agentur

Diplomica GmbH
Hermannstal 119 k
22119 Hamburg

Fon: 040 / 655 99 20
Fax: 040 / 655 99 222

agentur@diplom.de
www.diplom.de